即効・集客1.5倍！

当たる「チラシ」100の法則

売上アップの
効果がすぐに出るのは
HPよりも「チラシ」！

杉浦 昇 船井総合研究所

同文舘出版

はじめに

「本当にチラシって当たるの？」「もうチラシの時代って終わったでしょ？」「これからは、ホームページでしょ？」と、思われている方は多いのではないでしょうか。

それはもったいない！　業績を上げるチャンスを逃しているかもしれません。

業績が伸び悩んでいる、あるいは悪化している会社が集客力アップのためにやってしまいがちなのが、知識やノウハウがないのに起死回生を狙って、ホームページを開設することです。３ヶ月後——ホームページへのアクセスはあったとしても、売上に貢献するほどではない。大半は〝幽霊ホームページ〟になるのが関の山です。

ホームページというのは、作ったから売上が上がるのではなく、地道な更新によってファンをつくり、商品を売っていくツールです。売上を上げたい時に即効性のあるものではありません（通販事業に積極的に取り組むのであれば別ですが）。

では、「即効的」に業績を伸ばせる集客策は何か？　それは、商売の基本であり、商売の文化である「チラシ」のレベルアップです。

「お前、本気で言ってんの？」と思われた方、少し考えてみてください。

なぜ、一流企業である「ヤマダ電機」「ユニクロ」「イオン」は、毎月2〜5回、チラシを折込むのでしょうか？

なぜ、「ジャパネットたかた」は、テレビ通販の会社なのにチラシを折込むのでしょうか？

それは、さまざまな媒体の中で、売上アップに最も即効力があるのがチラシだからです。これらの企業がもしチラシを止めたら、業績がガタ落ちし、経営がなり立たないのではないでしょうか。

「大手だからチラシの効果がある」と思われている方、あなたは、本気でチラシに向き合っていますか？　もしかして、広告代理店まかせにしていませんか？

チラシとは、「何で集客して」「何を売る」かを企画して、消費者に伝わるようにするものです。これは、「会社の戦略」そのものです。それが広告代理店にできることでしょうか？　社長をはじめとした現場スタッフ一体でないとできないことです。

当たらないチラシを打つ会社には、戦略がないのです。

大手には、大手の集客のやり方（戦略）、小さな会社には、小さな会社の集客のやり方（戦略）があります。それを見つけ、それを磨くこと（企画）が、チラシの集客アップにつながるのです。

もし、本気で売上を計算できる「当たるチラシ」を作りたいと思われる方は、本書をお読みください。経営コンサルタントを15年してきて出会った「当たったチラシ」をノウハウとしてまとめました。何かしら、あなたの会社が、チラシの集客力を上げげられるヒントがあるはずです。

さあ、チラシを見直してみませんか、チラシをやり直してみませんか。もし、その気持ちが少しでもあるのであれば、この本をご活用ください。

最後に、チラシを提供してくださった皆様、そして、出版にご協力頂きました同文舘出版の皆様、この場をお借りしてお礼申し上げます。

2008年7月

株式会社船井総合研究所　杉浦　昇

即効・集客1・5倍！　当たる「チラシ」100の法則　もくじ

1章　売れる集客チラシの法則

2章 売れる商品戦略の法則

3章 売れるコトバの法則

4章 売れるコンセプトの法則

7章 ヒット企画の法則

10章 サービス業のチラシ集客の法則

11章 チラシ集客、絶対成功の法則

装幀／藤瀬　和敏
イラスト／山下　隆二
本文DTP／シナプス

1章

売れる集客チラシの法則

1-1

なぜ、正直商売だけの店に客は集まらないのか？

◎「認識力」のマーケティング発想

「商品がよければ客が集まってくる」「技術がよければ商品は売れる」というのは、昭和の時代の話です。「真面目にお客様に接していれば、またお店に来てくれる」というのも、残念ながら今では通用しません。

今の時代に勝ち残っていくには、「マーケティング発想」を持つことが重要です。小さな会社であればあるほど、その重要度は増してきます。

「認識力」「競争力」「訴求力」の3つのマーケティング発想が必要なのです。

1つ目は、「自社の商品」「自社のサービス」「自社の技術」への消費者の評価やニーズを知る「認識力」です。洋服であれば、50代の主婦は「素材」を重視して、30代の主婦は「デザイン」を重視するという認識を持つことです。家電であれば、20代は多機能性を求めて、50代は簡単に使える操作性を求めます。

このように消費者ニーズをつかむことで、人が集まる商品戦略を立てることができます。

◎「競争力」のマーケティング発想

2つ目は、競合他社と比べて、どこにメリットがあるのかを明確にする「競争力」です。

消費者は、買うか買わないかの判断をすべて比較によって下します。商品の「価格」なのか、品揃えの「量」なのか、あるいは商品そのものの「品質」なのかを、他社と比べて買う店を探します。したがって、他社に勝つポイントをどこに置くかで集客効果が変わってきます。

◎「訴求力」のマーケティング発想

3つ目は、消費者に商品メリットを伝える「訴求力」です。消費者ニーズを認識し、商品の競争力をつくっても商圏マーケットに認知されなければ、売れるはずのものも売れません。販促媒体を使い、商品の演出力に加えて、キャッチコピー力や企画力で消費者への「訴求力」を強くすれば、商品を売れるようにすることができます。

マーケティング発想とは、お客様を知り、敵を知り、自分（会社）の魅力を最大限に打ち出す方法です。勝ち残っていくには、これを身につけなくてはなりません。

マーケティング発想
正直商売

1-2

地元の中小店にお客を集めるには

◎「小さなよろず屋」では業績は落ちる

全国チェーンの大型店の出店攻勢により、ジリ貧になっている商店街の中小の店が数多くあります。そうした店が一番業績を落とすパターンは、小さな総合店、言い換えれば「小さなよろず屋」になってしまうことです。

取扱い商品ラインを大型店に合わせることで、商品ラインごとのアイテム数が少なくなります。しかも、価格も高くなってしまいます。こうなると、店に集客できる要素は、家から近いということしかありません。残念ながらそれが通用するのは、お年寄りだけです。

チェーン店に総合力で勝つことはできません。しかし、自社のハードでも勝てる要素が必ずあります。敵の弱みを見つけて、自分（会社）の強みにすることができれば、その部分で勝つことは可能なのです。

◎総合家電店からカメラ専門店への転換

例えば300坪の家電店S社の近所に、1500坪以上の大型家電店が出店することになりました。当然、ハードでは太刀打ちができません。しかし、S社はもともと総合家電店になる前、創業時はカメラ屋でした。実際、カメラ部門の売上は全体の半分を占めていました。

そこで、S社は「総合家電店」から「カメラ専門店」になることを決断しました。当然、カメラ以外の商品部門を削減するので、売上は半分になります。

大型店が出店すれば、総合家電店のままでは売上は激減します。カメラ専門店であれば、半分の売上から伸びる可能性がある、そう考えての決断でした。

一般客層だけでなく、趣味層を強化する品揃えで、大型店との差別化を打ち出しました。さらに、サービス部門である写真現像、写真撮影、修理、カメラ教室、下取等を売場面積の30％まで強化しました。そして、「カメラ専門」を謳うチラシを1年間継続して販促活動を徹底しました。結果、大型店よりもカメラを売る店となり、総合家電店だった時の売上の70％におさまりました。

この事例のように、売れる店というのは小さな部分でも競合店に優る一番をつくることが重要です。そこに集中して売り込むことが中小店の勝ち残る策なのです。

差別化!!
大型店
中小

1-3

なぜ3年前の売り方が通用しないのか・1

売れている商品が売れなくなったり、売れていた店が売れなくなったりすることがあります。こうした現象が起こる理由は、「時流適応」ができていないためです。

次ページに「ライフサイクル」の図があります。人間に「少年期」「青年期」「中年期」「熟年期」があり、それぞれの時期で生き方が違うように、商品もマーケットもライフサイクルに応じて、生き方（売り方）が変わってくるのです。

◎「導入期」のマーケティング

ライフサイクルでいう導入期は、商品の普及率がまだまだ低い状態です。したがって、「イメージマーケティング」に取り組まなくてはなりません。見るのも初めての商品なため、価格基準や価値基準がないので、よいイメージを与えることがポイントになってきます。

◎「成長期」のマーケティング

商品が普及してくると、マーケットが前年対比110～130％になってきます。この時期は、価格基準ができてくるので、「目玉マーケティング」に取り組まなくてはなりません。どこよりも安くすることで、大量に売れることになります。

成長期の後半になると成長に拍車がかかり、マーケットが前年対比150～200％になってきます。この時期は、「予算帯マーケティング」に取り組まなくてはなりません。この時期はどんな客層が来ても売れる商品があれば売れてしまいますので、予算帯別に在庫を切らさないことがポイントとなります。

◎「ピーク期」のマーケティング

商品の普及がピークになると、マーケットが前年対比110～90％になってきます。この時期は、「価値マーケティング」に取り組まなくてはなりません。消費者の目が肥えてきて、「価値／価格」で選ぶようになります。売れる商品、売れない商品がはっきりしてきます。

そこで売る側は、同じ予算帯の商品を比較して、価値の高い商品を品揃えすることが重要になります。この時期になると、マーケティング次第で、勝ち組・負け組の差が大きく広がってきます。

ライフサイクル

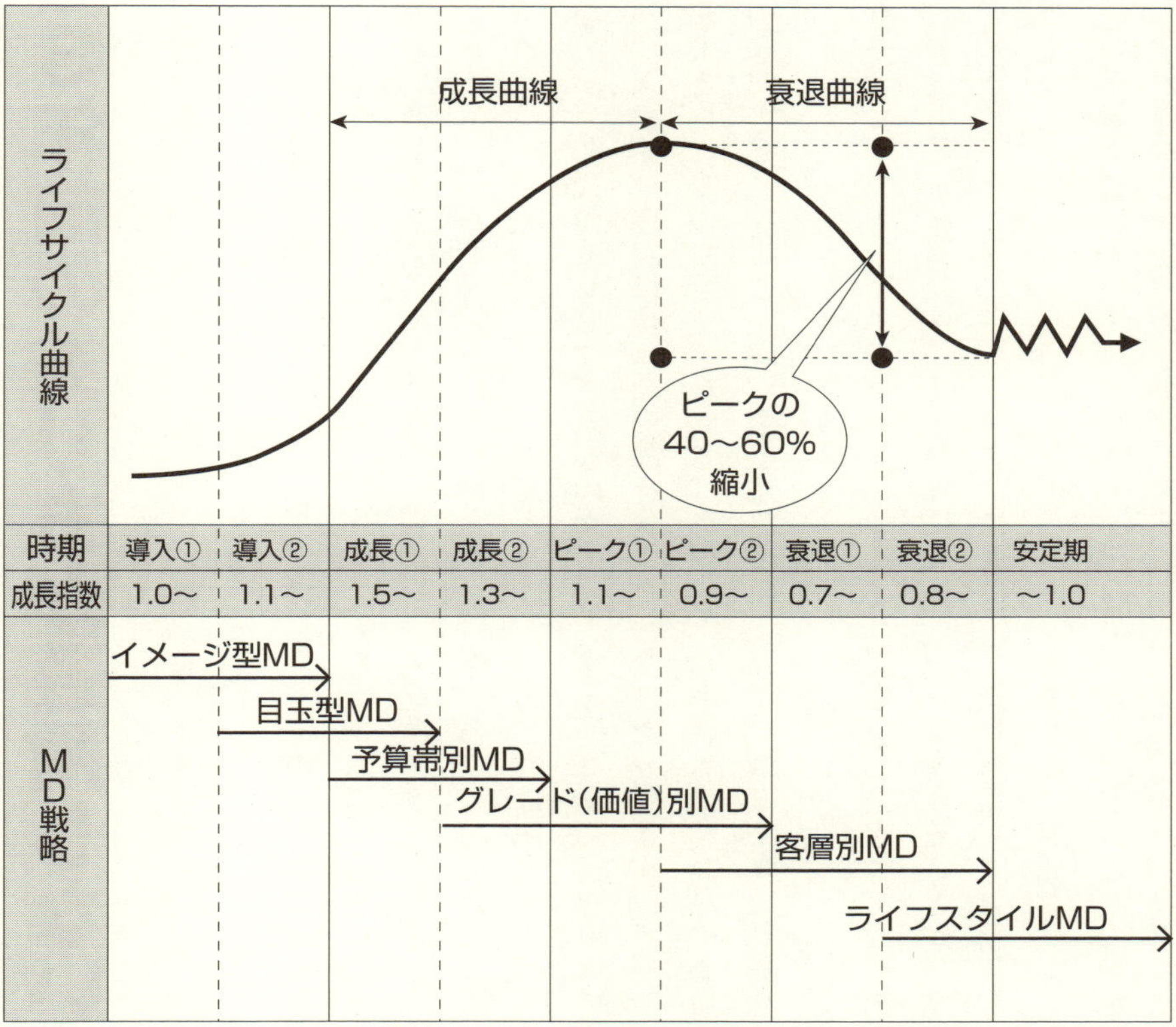

ライフサイクル曲線
成長曲線
衰退曲線
ピークの40〜60%縮小
時期
導入① 導入② 成長① 成長② ピーク① ピーク② 衰退① 衰退② 安定期
成長指数
1.0〜 1.1〜 1.5〜 1.3〜 1.1〜 0.9〜 0.7〜 0.8〜 〜1.0
MD戦略
イメージ型MD
目玉型MD
予算帯別MD
グレード（価値）別MD
客層別MD
ライフスタイルMD

ここがポイント！

商品のライフサイクルを見極めて、時流に応じた商品の売り方を変化させる

1-4

なぜ3年前の売り方が通用しないのか・2

◎「衰退期」のマーケティング

衰退期になると、マーケットが前年対比80～70％となってきます。この時期は、「客層別価値マーケティング」に取り組まなくてはなりません。

単に価値／価格が高い商品を揃えるのではなく、買ってもらいたい客層を定めることがポイントになってきます。

30代の若い主婦なのか、50代のセレブマダムなのかで、ほしい商品は変わってきます。客層に合った商品チョイスと、価値／価格が求められるのです。すなわち、専門店を超えて「客層別専門店」になることが、繁盛するポイントになります。

◎「安定期」のマーケティング

マーケットが下げ止まり、前年対比90～１１０％になってくると、「ライフスタイル・マーケティング」に取り組まなくてはなりません。

この時期になると、消費者に合わせるのではなく、消費者に共感されることで買ってもらうことがポイントになってきます。

「ライフスタイル・マーケティング」とは、商品を通じて、ライフスタイルを提案することです。例えば家具店であれば、北欧の家具やインテリア、雑貨を集めて、「北欧スタイル」というトータルなライフスタイルを提案することで売れるようになったりします。

あるいは住宅ならば、健康と環境を意識したライフスタイルである「ロハス」を提案することで売れるようになったりします。

消費者は、商品の価値が気に入って買うのではなく、ライフスタイルに共感して商品を買うのです。

このように店や商品には、「ライフサイクル」があります。したがって、その原理原則を把握して、マーケティングをすることが業績向上には不可欠です。

同じ商品、同じ売り方のままで成長を続けることはできません。商売（ビジネス）というのは、常に変化していかなければならないのです。

北欧スタイルの
ご提案です

1-5

広告代理店に任せたチラシが当たらない理由

◎問題は広告代理店に任せすぎること

広告代理店にチラシを任せると、きれいでインパクトのあるチラシができてきます。しかし、それで集客ができるわけではありません。

社長とスタッフでアイデアを出し合ってつくる下手くそでも手書きチラシのほうが当たる確率が高いのです。実際、次ページのスタッフが書いた素人丸出しのチラシは、平日の2倍集客する効果が出ています。

別に広告代理店を否定しているのではありません。広告代理店に任せすぎていることが問題なのです。

チラシというのは、商品戦略、営業戦略そのものです。言い換えれば、店（会社）の映し鏡みたいなものです。チラシから店の商品・サービスの意志が伝わらなければ、消費者は動きません。

例えば、チラシのレイアウトでも集客が変わってきます。売場と同じで、チラシにも一等地、二等地、三等地があります。一等地には、自社の売上の30％を占める看板商品（主力部門）を載せることで、消費者の目を引きます。この集客できる商品を、他よりも1・5～2倍に大きくすることで、集客効果は断然上がってきます。さらに、売場で商品を買ってもらっている客からのコトバを載せることで、より効果が上がってくるのです。

こうしたことは、実際に商品を取り扱っていない広告代理店の人には、決してできることではありません。

◎消費者が求める商品・サービスの分析が不可欠

チラシをつくるには、常に消費者が求めている商品・サービスを分析することが不可欠です。年によって、月によって、週によって消費者が求めるものは変わってきます。商品を知り尽くしている現場の人間が企画しなければ、チラシを当てることはできないのです。

チラシは店のイメージ、商品のイメージを知ってもらうものではありません。店に集客するためのものであり、商品を買ってもらうためのものです。

繰り返しになりますが、チラシというのは、商品戦略、営業戦略です。これを人に任せるというのは、他人に経営してもらっているのと同じことなのです。

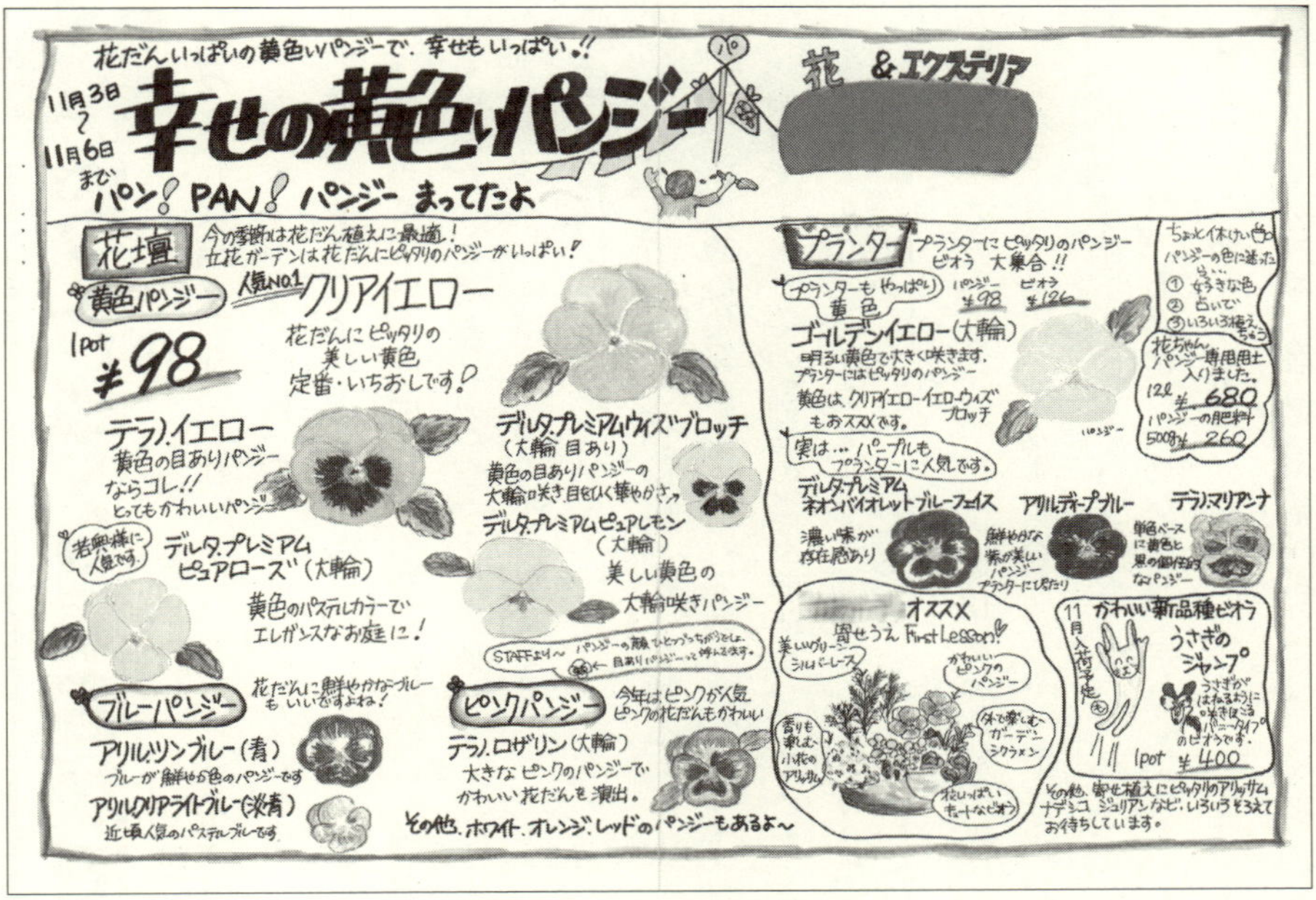
花だんいっぱいの黄色いパンジーで、幸せもいっぱい。!!
11月3日〜11月6日まで
幸せの黄色いパンジー
花&エクステリア
パン! PAN! パンジー まってたよ
花壇
今の季節は花だん植えに最適!
丘花ガーデンは花だんにピッタリのパンジーがいっぱい!
黄色パンジー
人気No.1 クリアイエロー
1pot ¥98
花だんにピッタリの美しい黄色 定番・いちおしです!
テラノイエロー
黄色の目ありパンジーならコレ!! とってもかわいいパンジー
デルタプレミアムウィズブロッチ(大輪 目あり)
黄色の目ありパンジーの大輪咲き。目もとが華やかさ
若奥様に人気です。
デルタプレミアムピュアローズ(大輪)
黄色のパステルカラーでエレガンスなお庭に!
デルタプレミアムピュアレモン(大輪)
美しい黄色の大輪咲きパンジー
ブルーパンジー
花だんに鮮やかなブルーもいいですよね!
アリルリンブルー(青)
ブルーが鮮やか色のパンジーです
アリルクリアライトブルー(淡青)
近頃人気のパステルブルーです
ピンクパンジー
今年はピンクが人気 ピンクの花だんもかわいい
テラノロザリン(大輪)
大きなピンクのパンジーでかわいい花だんを演出。
その他、ホワイト、オレンジ、レッドのパンジーもあるよ〜
プランター
プランターにピッタリのパンジー ビオラ 大集合!!
プランターもやっぱり黄色
パンジー ¥98 ビオラ ¥126
ゴールデンイエロー(大輪)
明るい黄色で大きく咲きます。プランターにはピッタリのパンジー
黄色は、クリアイエロー・イエローウィズブロッチもおススメです。
実は…パープルもプランターに人気です。
デルタプレミアム ネオンバイオレットブルーフェイス
濃い紫が存在感あり
アリルディープブルー
テラノマリアンナ
オススメ 寄せうえ First Lesson!
かわいい新品種ビオラ うさぎのジャンプ
1pot ¥400
ちょっと休けい
パンジー専用用土入りました。
12ℓ ¥680
パンジーの肥料 500g ¥260

パンジーの品揃え一番を伝えれば、手書きチラシでも集客効果はバツグン

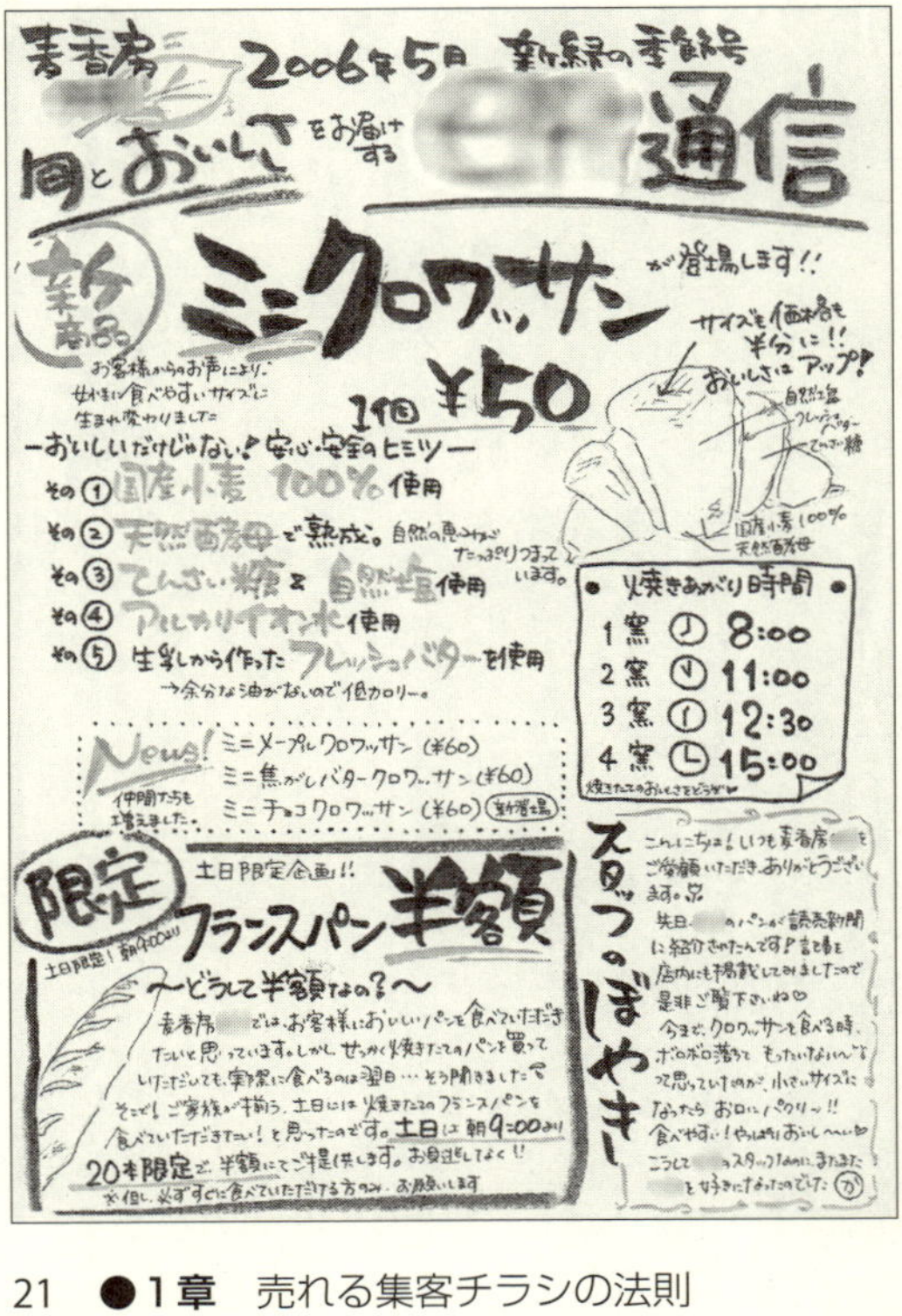
2006年5月 新緑の季節号
旬とおいしさをお届けする 通信
新商品 ミニクロワッサン が登場します!!
お客様からのお声により、女性に食べやすいサイズに生まれ変わりました
サイズと価格も半分に!! おいしさはアップ!
1個 ¥50
―おいしいだけじゃない! 安心・安全のヒミツ―
その① 国産小麦100%使用
その② 天然酵母で熟成。
その③ てんさい糖&自然塩使用
その④ アルカリイオン水使用
その⑤ 生乳から作ったフレッシュバターを使用
→余分な油がないので低カロリー。
焼きあがり時間
1窯 8:00
2窯 11:00
3窯 12:30
4窯 15:00
News!
ミニメープルクロワッサン(¥60)
ミニ焦がしバタークロワッサン(¥60)
ミニチョコクロワッサン(¥60)
仲間たちも増えました。
限定 土日限定企画!!
フランスパン半額
〜どうして半額なの?〜
20本限定で、半額にてご提供します。
夏づつのぼやき

きれいな広告でなくても商品の価値が伝われば集客はできる

1-6

安くしても集客ができない理由

安くすれば飛ぶように売れたのは、２０００年代前半までの話です。今の時代、安くても価値が伝わらないものでは集客することはできません。

本当に集客できる商品とは、消費者に瞬時に「価値がある商品だ」と思わせるバリュー（価値）インパクトが必要です。それには2つの方法があります。

◎「価値」のバリューインパクト

一番簡単な方法は、圧倒的に価値／価格を高くすることです。圧倒的な集客を考えるのであれば、競合商品と同一価格で１・５倍の価値のある商品をつくることです。

家具店であれば、シングルベッドで2万９８００円というと、フレームが合板で中国製ベッドマットが通常の価値です。それを通常5万円の価値がある無垢《むく》材のベッドフレームで一流メーカー製のベッドマットにすれば、明らかに消費者にバリューインパクトを与えることができます。実際、チラシに載せたら即日完売になりました。

この例からわかるように、集客というのは価格でするのではないのです。価値で集客するのです。そして、価値が高いほど効果が出てくるのです。

◎「選択」のバリューインパクト

低価格で価値のある商品で、しかも色やデザインの選択ができる商品は、安定的に集客することができます。これで成功した代表例が、カジュアル衣料のユニクロです。特にフリースは圧倒的なカラーバリエーションにより、実績を上げています。住宅業界では、石川県で年間１００棟以上の注文住宅を売っているS社も、それで成功しています。ローコスト住宅で40以上ある豊富なデザインバリエーションから選択ができる住宅商品をつくり、チラシで集客効果を上げています。

低価格になると、自分の好みで選択できない場合がほとんどです。色やデザインを選択ができるというのは、消費者にとってバリューインパクトなのです。

繰り返しますが、集客するのは、価格ではなく価値なのです。消費者に与えるバリューインパクトをどうつくるかが、集客する商品戦略の重要なポイントになります。

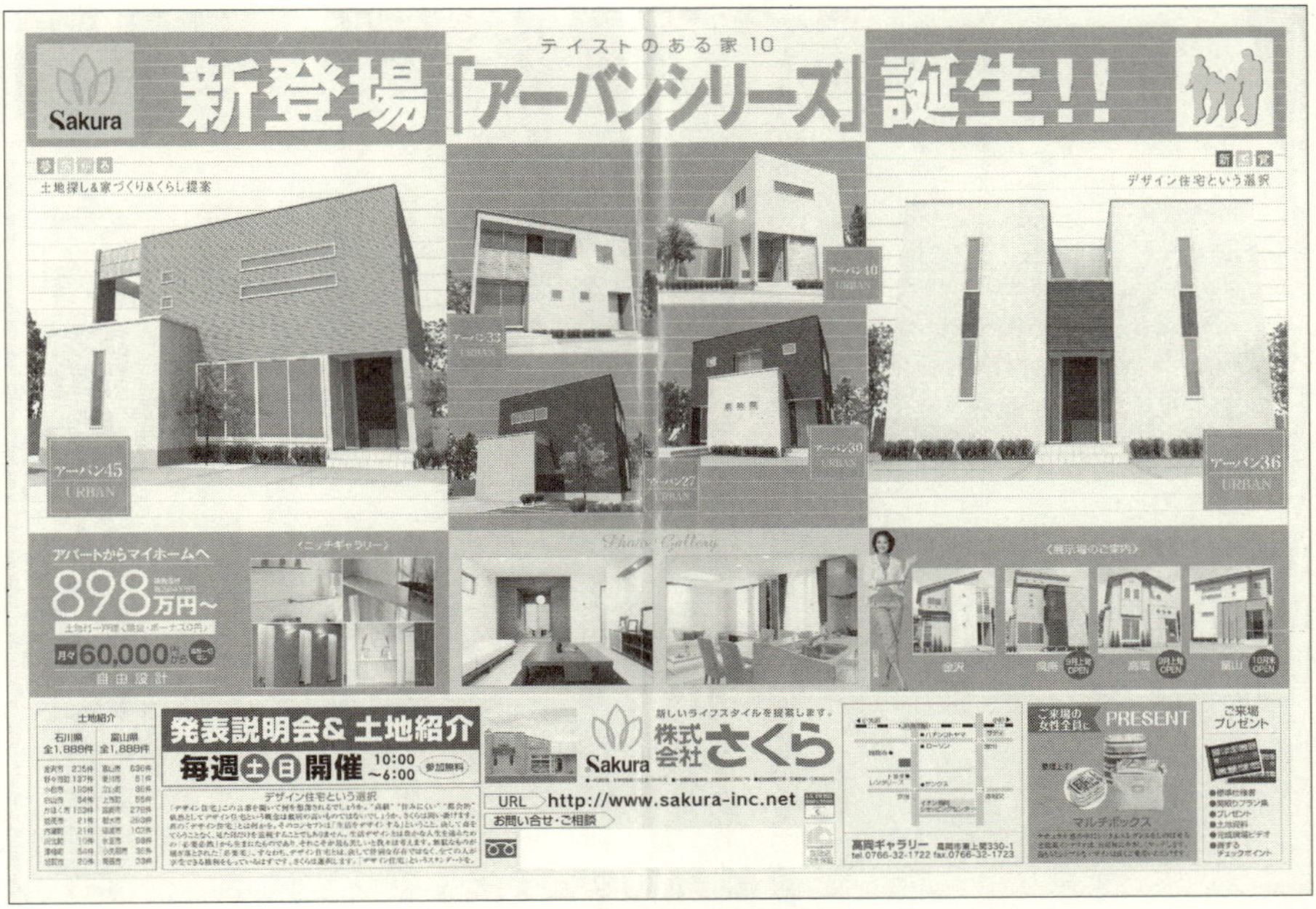

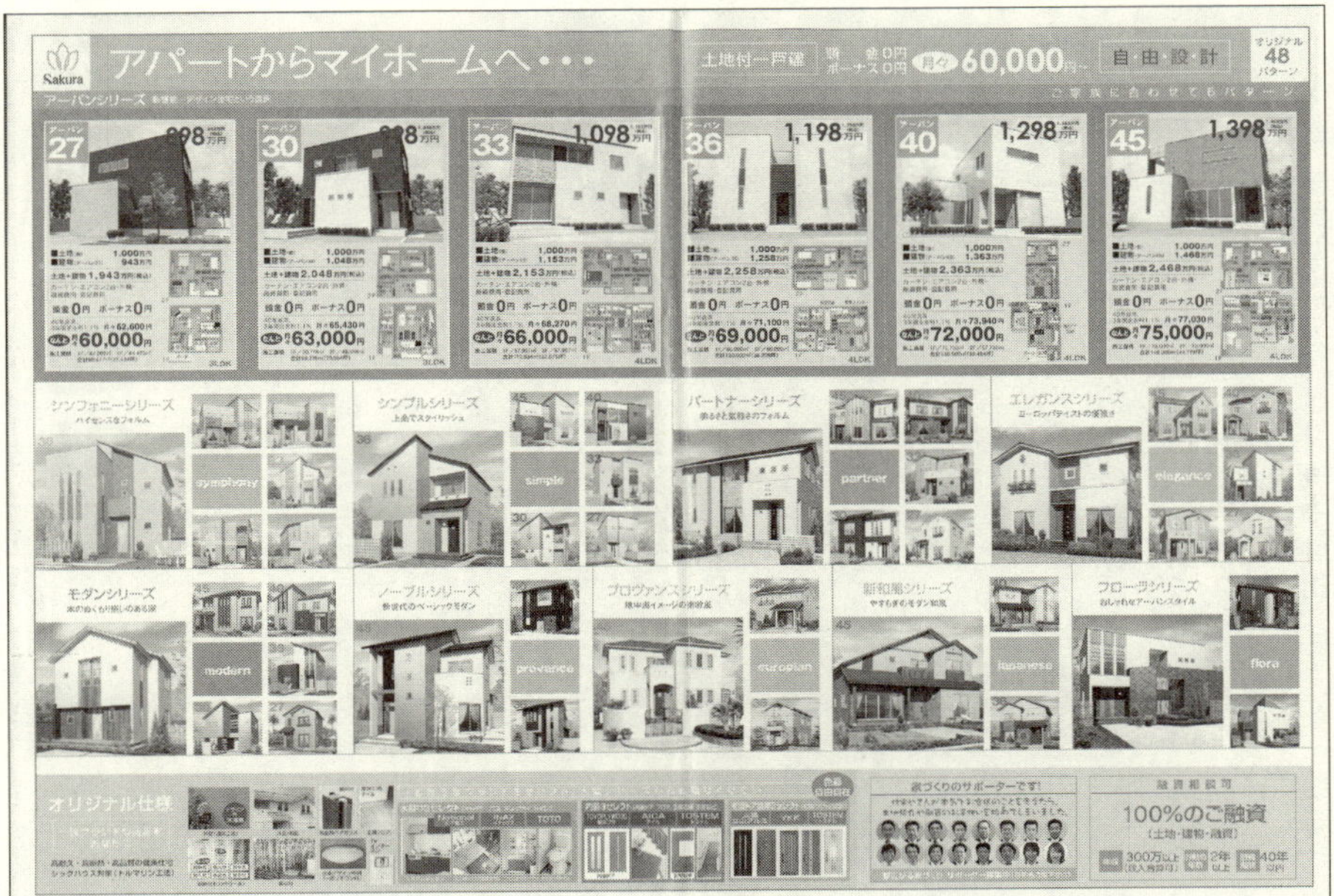

デザインのバリエーションを打ち出し、色やデザインを選択できるバリューインパクト（価値訴求）によって集客効果を上げる

1-7 よい商品なのに集客できない理由

◎集客に欠かせないポイント

よい商品なのに、消費者の目にとまらずに消えていくものはたくさんあります。あるいは、売る側が、よい商品をチラシに大きく掲載して、価値を伝えても集客ができないこともあります。このようなことで悩んでいる人は少なくはありません。

結論から言いますと、この場合、集客方法に問題があるため、価値や価格では集客ができないのです。具体的な商品としては、食品、健康商品、化粧用品があります。どちらかと言うと、価値があいまいでわかりづらい商品です。こうした商品は、自分が試して気に入るか、人に勧められて気に入るかのどちらかです。実は、これが集客のために欠かせないポイントとなります。

◎「お試し」集客

特に食品は、チラシを見ても商品特性は伝わりません。一度試してもらうことが、一番価値を知ってもらうことになります。酒店では、焼酎や日本酒の「無料の試飲会」で、商品を売れるようにしています。またスーパーでは、地元物産を売るために「無料サンプル」を配って試してもらうことで、売れるようにしています。

消費者というのは、興味あるものを無料でもらったり、無料で試せるのであれば、集まってきます。そして、本当に価値のある商品であれば、それを買ってくれます。

◎「評判」集客

「お試し」集客で実績を上げてきたら、評判をあおることでより集客することができます。健康食品であれば、商品を使ってダイエットに成功したお客様の声をチラシに載せると反響が出てきます。さらに、雑誌媒体にニュースリリースを送って取材を受けることで実績をつくり、それをチラシに載せることによって、より反響が増してきます。「みんながやっている」という状況をつくれば、それに賛同するという消費者の心理特性があります。これをあおることで絶大な集客効果が出てくるのです。

集客とは、価値、価格を訴求するだけではできないのです。商品特性をつかみ、「お試し」集客、「評判」集客を使っていくことも不可欠です。

いいわね!!
これよさそうね
いいですよ

1-8

売り込みをしない集客チラシ

◎高額商品を買う場合の心理

人が高額品を買う時には、「見たい」という心理と、「買いたい」という心理があります。特に一生に何度も購入しない、新築物件、住宅のリフォーム、車というのはその傾向が強く出てきます。

例えば、新築物件を購入しようとして動いている消費者は、「買いたい」心理が10％、「見たい」心理が90％に分かれます。一生の買い物ですので、慎重になって、まず「見たい」心理が圧倒的に強いのです。

「見たい」心理のお客様は、まず情報を収集して、比較検討して、それから購入を決定します。新築物件を購入する消費者のプロセスは、少ない人で3回、多い人は10回も商品を見て、初めて「買いたい」と意思表示をしてきます。

このように、「見たい」心理で動いている消費者が多い状況では、価値や価格を訴求した「買わせるチラシ」は逆効果になってしまいます。それではモデルハウスやショールームに行きにくい状況をつくってしまいます。

◎「見学会」＋「イベント」で成果を出す

新築物件のような高額商品は、見せたり、体感させたり、楽しませたりして、商品に気軽に触れやすい環境をつくってあげることが、集客効果を上げることになります。例えば「見学会」です。モデルハウスの見学会だけでなく、実際に購買されたお客様の家の見学会を開きます。住宅関係ではもはや当たり前になってきていますが、小売業でも家具や仏壇、衣料で成果が出てきています。

最近では、見学会にプラスして、会場に家族で遊べるコミュニティをつくって「イベント」をすることで、圧倒的な集客をしています。ゲーム、飲食、ミニ教室を開催して、「見たい」心理の消費者をお店やショールームにより行きやすくしています。特に車やリフォームでは、この方法で成果が出ています。

高額商品を売るためには、「売り込まない」ことが重要なのです。見学会やイベントによって、「見たい」心理の消費者が商品を見やすい環境をつくることが大切になります。

「買う」段階にいたってない「見たい」客を集めるショールームの集客イベント

ゲームやイベントを取り入れることで家族客を集客できる

1-9

ワンアイテムで集めるチラシ

◎店の業績を左右する「スターアイテム」

マーケットが成熟してくると、消費者の目が肥えてきます。すると、いくら多アイテムという「量」で魅力を出しても、消費者の反応は弱くなります。そういう状況になった場合は、「量」から「質」に転換したマーケティングを実践しなくてはなりません。

いち早く、それを実践して成果を上げたのが自動車業界です。1990年代後期より、やみくもに車種を増やすのではなく、各カテゴリー別に看板となる車をつくり、ワンアイテムで数多く売る戦略に変わりました。代表例がトヨタ「ヴィッツ」、ホンダ「フィット」、日産「キューブ」です。消費者ニーズを捉えて、コンセプトをしっかり伝えていくマーケティングが勝因だと思います。

現在、この流れは成熟した小売業の世界でも起きています。ワンアイテムで、各カテゴリーの平均売れ個数の5~10倍も売れる現象が起きているのです。逆に、それがない店や部門は、必ずと言っていいほど、業績不振にあえいでいます。

すなわち、店で飛び抜けて売れる商品アイテムをつくることが、業績を上げることになるのです。そうした業績を左右する商品を「スターアイテム」と呼びます。

◎スターアイテムは店の顔で、店の姿勢そのもの

スターアイテムだからと言って、全客層に支持を受けるわけではありません。一部の層に圧倒的な支持を受ければいいのです。

ターゲット層を決めて、その層のニーズに合う「商品のコンセプト」と「商品メリット」を打ち出すことが重要になってきます。これらのことが、チラシと売場で連動して、消費者にわかりやすく、かつインパクトを与えることが、スターアイテムの誕生につながるのです。

メーカーの商品を売る際も、自社の客層と地域の特性を考えて打ち出す「商品コンセプト」「商品メリット」には、自社の考えがなければ効果は出ません。スターアイテムは店の顔であり、店の姿勢そのものです。それを社長が中心となり、スタッフ一丸で売ることで商品にパワーが出て、圧倒的に集客するアイテムになります。

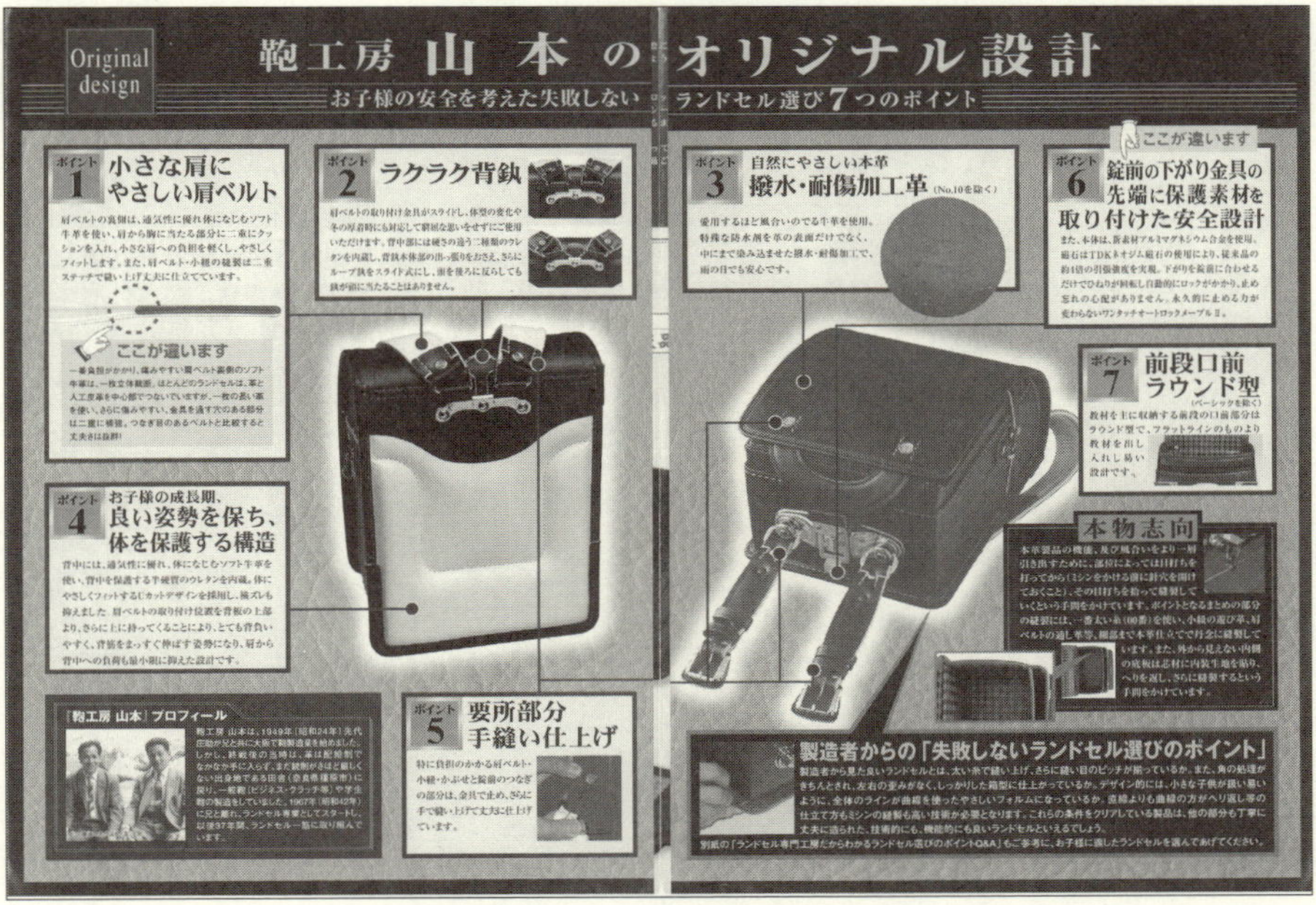
Original design
鞄工房 山本 のオリジナル設計
お子様の安全を考えた失敗しない ランドセル選び7つのポイント
ポイント1 小さな肩にやさしい肩ベルト
ここが違います
ポイント2 ラクラク背鋲
ポイント3 自然にやさしい本革 撥水・耐傷加工革
ここが違います
ポイント6 錠前の下がり金具の先端に保護素材を取り付けた安全設計
ポイント7 前段口前ラウンド型
ポイント4 お子様の成長期、良い姿勢を保ち、体を保護する構造
本物志向
「鞄工房 山本」プロフィール
ポイント5 要所部分手縫い仕上げ
製造者からの「失敗しないランドセル選びのポイント」

自社のスター商品のこだわりの価値をわかりやすく伝えることで集客効果を上げる

『納得するまで蔵から出すな。』
頑固なまでに妥協しないこだわり杜氏が仕込んだ蔵元の隠し酒です。
お急ぎ下さい!!
限定3000本
解禁
世界酒類コンクール・モンドセレクション5年連続金賞受賞蔵の特別限定酒
蓬莱 蔵元の隠し酒
番外品
蔵元の隠し酒
渡辺酒造店
蔵元の隠し酒 番外品
1.8L詰 1本
2,100円
「こんな酒があるとどうして教えてくれなかったんだ!」

お客様からファンレターが届く『蔵元の隠し酒』です。

お客様のお便りを読んで感謝感謝!!

杜氏 坂垣博司

商品づくりへの思い、商品の貴重性を伝えることでスターアイテムに

1-10

サービス業の集客力を上げるチラシ

◎サービスを「商品」として捉える視点

サービス業で集客を考える場合、サービスを「商品」として捉えることが重要なポイントになります。サービス業で売上が悪い店ほど、あいまいなサービス内容や価格になっています。

そのような店は、消費者にとって、紹介がないかぎり利用するのは抵抗があります。

サービスを「商品」として捉えるとは、小売発想でサービスを「商品」と捉えるということです。そこで、選べるサービス（商品）、選択させる料金（価格）にしていかなくてはなりません。

まずは、消費者のニーズを購入単位として捉えて、商品（サービス）を企画することです。例えば英会話学校であれば、「初めてのアメリカ旅行コース（4回）2万円」「日常英会話短期習得コース（15回）5万円」というようにします。消費者のニーズに合わせた商品があれば、商品（サービス）が利用しやすくなり、集客を上げることができます。

◎サービスの「品揃え力」

さらに集客力を上げるには、商品（サービス）の「品揃え力」が必要となります。英会話の例では、「レストラン英会話コース」「ショッピング英会話コース」「ビジネス英会話コース」「ホームステイ英会話コース」「個人英会話レッスン」というように、消費者の選択肢を増やしていきます。このように購入単位（ニーズ）を増やすことで、集客効果が上がってきます。

さらに集客を上げたければ、目玉商品（サービス）をつくり、チラシで打ち出すと非常に効果があります。

例えば、新規顧客を開拓するために、通常「初めてのアメリカ旅行コース（4回）2万円」を30％割引サービスの1万4000円にすることで、通常の1・5倍の集客効果をつくることができます。これは、小売業のマーケティングとまったく同じです。

サービス業も小売業のように商品発想を持つことが当たり前の時代です。価格が明瞭であること、品揃えがあって選べるチラシこそが、消費者から支持されるのです。

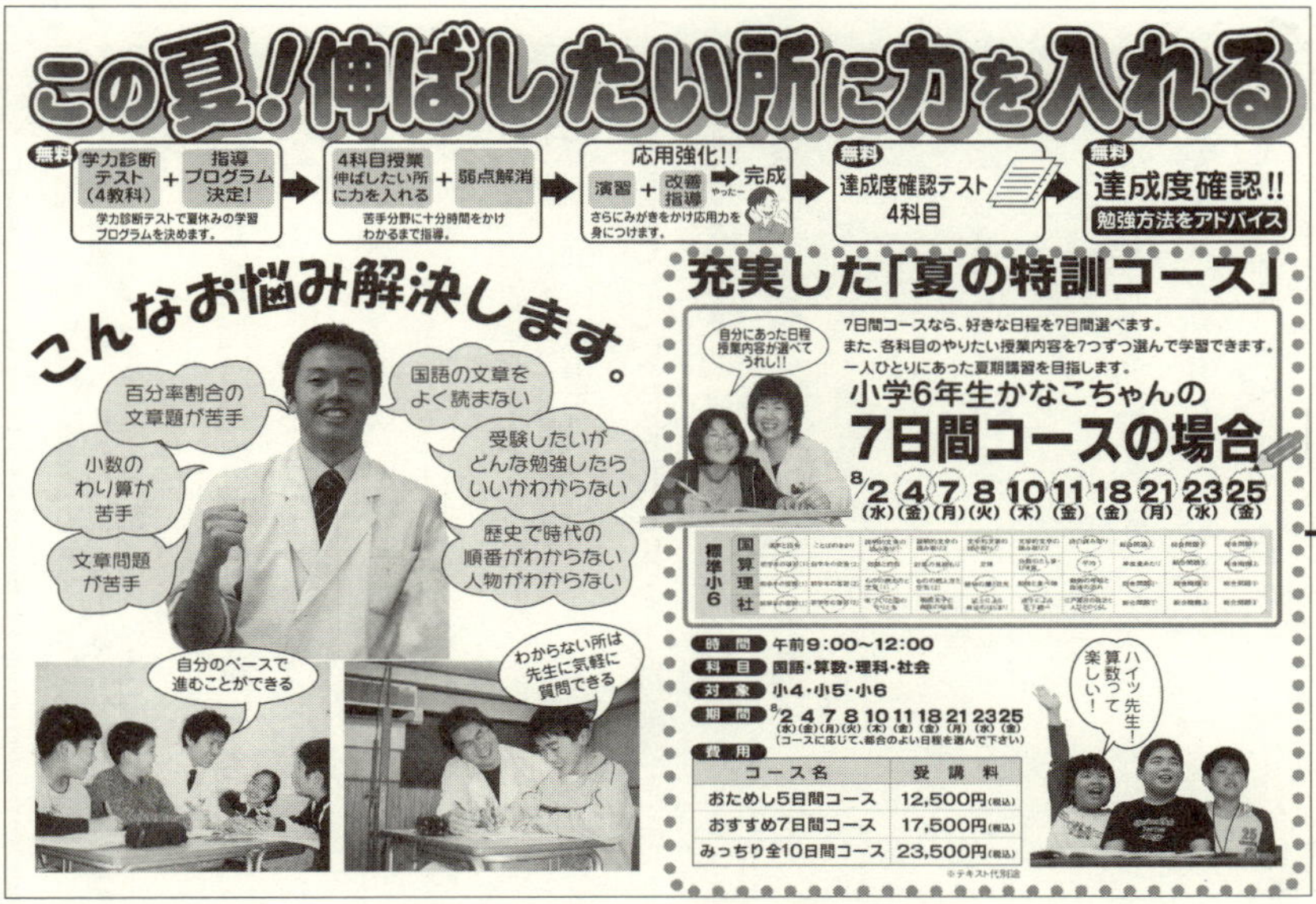
この夏！伸ばしたい所に力を入れる
無料 学力診断テスト（4教科）＋指導プログラム決定！
学力診断テストで夏休みの学習プログラムを決めます。
4科目授業 伸ばしたい所に力を入れる＋弱点解消
苦手分野に十分時間をかけわかるまで指導。
応用強化!! 演習＋改善指導 やった〜 完成
さらにみがきをかけ応用力を身につけます。
無料 達成度確認テスト 4科目
無料 達成度確認!! 勉強方法をアドバイス
こんなお悩み解決します。
百分率割合の文章題が苦手
小数のわり算が苦手
文章問題が苦手
国語の文章をよく読まない
受験したいがどんな勉強したらいいかわからない
歴史で時代の順番がわからない人物がわからない
自分のペースで進むことができる
わからない所は先生に気軽に質問できる
充実した「夏の特訓コース」
自分にあった日程授業内容が選べてうれし!!
7日間コースなら、好きな日程を7日間選べます。
また、各科目のやりたい授業内容を7つずつ選んで学習できます。
一人ひとりにあった夏期講習を目指します。
小学6年生かなこちゃんの
7日間コースの場合
8/2(水) 4(金) 7(月) 8(火) 10(木) 11(金) 18(金) 21(月) 23(水) 25(金)
標準小6 国 算 理 社
時間 午前9:00〜12:00
科目 国語・算数・理科・社会
対象 小4・小5・小6
期間 8/2 4 7 8 10 11 18 21 23 25 (水)(金)(月)(火)(木)(金)(金)(月)(水)(金)
（コースに応じて、都合のよい日程を選んで下さい）
費用
コース名 受講料
おためし5日間コース 12,500円(税込)
おすすめ7日間コース 17,500円(税込)
みっちり全10日間コース 23,500円(税込)
※テキスト代別途
ハイッ先生！算数って楽しい！

学習塾のサービスを顧客ニーズに合わせて商品化（規格化）することで利用しやすくなり、集客効果が上がる

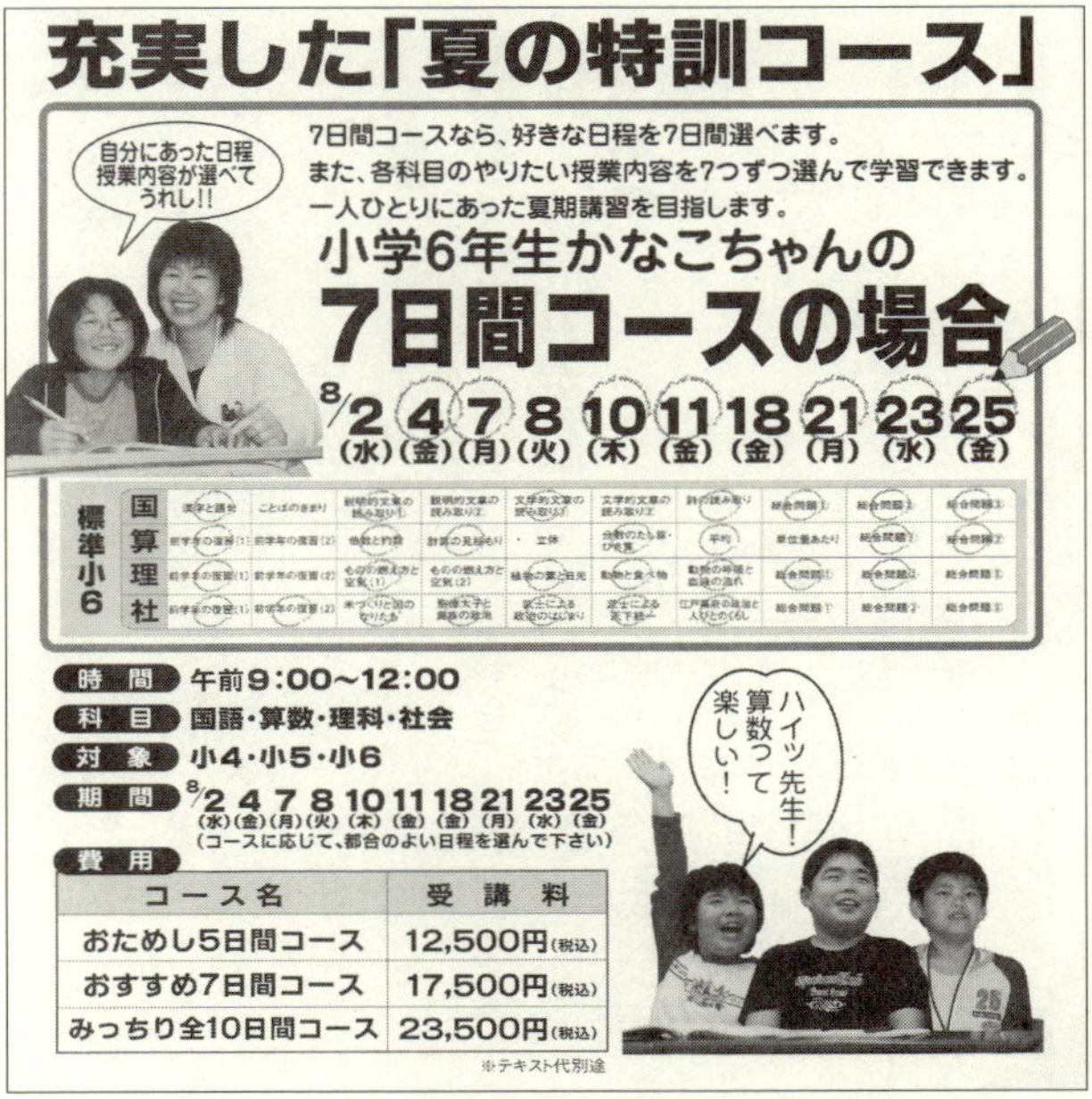
充実した「夏の特訓コース」
自分にあった日程授業内容が選べてうれし!!
7日間コースなら、好きな日程を7日間選べます。
また、各科目のやりたい授業内容を7つずつ選んで学習できます。
一人ひとりにあった夏期講習を目指します。
小学6年生かなこちゃんの
7日間コースの場合
8/2(水) 4(金) 7(月) 8(火) 10(木) 11(金) 18(金) 21(月) 23(水) 25(金)
標準小6 国 算 理 社
時間 午前9:00〜12:00
科目 国語・算数・理科・社会
対象 小4・小5・小6
期間 8/2 4 7 8 10 11 18 21 23 25 (水)(金)(月)(火)(木)(金)(金)(月)(水)(金)
（コースに応じて、都合のよい日程を選んで下さい）
費用
コース名 受講料
おためし5日間コース 12,500円(税込)
おすすめ7日間コース 17,500円(税込)
みっちり全10日間コース 23,500円(税込)
※テキスト代別途
ハイッ先生！算数って楽しい！

不透明な価格をわかりやすくすることで集客効果を上げることができる

1-11

「人の力」で集客するチラシ

◎「いいと思うんだけど」という心の背中を押す力

集客というのは、基本的に商品（物、技術、サービス）の本来的価値によるものです。しかし、消費者は初めて買うものに対しては「いいと思うんだけど」、「興味はあるんだけど」と踏みとどまってしまいます。

そこで、「いいと思うんだけど」という心の背中を押す力を加えることで、集客効果を上げることができます。

この背中を押す力は、「人の力」にあります。この力で消費者の心を動かすのです。

例えば、次のようなあと押しがあれば、心が動かされます。

「○○さんが使っているから……」

「つくっている職人さんの考え方に惚《ほ》れて……」

「○○の店長のオススメだから……」

「○○がTVで紹介していたから……」

このように消費者が商品に興味を持つのは、人がきっかけとなり、買う決断も人によるのです。商品を買ってもらうのには、人の力が不可欠なのです。

◎「作る人」「売る人」「買った人」の3つの力

人の力の「人」とは、「作る人」「売る人」「買った人」の3つに分けられます。

「作る人」とは、商品をつくる職人さん、食材・材料をつくる生産者のことです。そして、どのような〝思い〟で、どのような〝こだわり〟を持ってつくっているのかという人間の魅力が価値の向上につながります。

「売る人」とは、商品を売っている社長を中心とした販売スタッフのことです。そして、商品への愛情であり、商品への情熱が価値の向上につながります。

「買った人」とは、商品を使ったり、食べてくれたお客様です。そして、お客様の喜びの声や感想・効果の声が価値の向上につながります。

並以上の商品を扱っているならば、チラシで他社と差をつける方法は「人」にあります。「商品に携わる人の心」を伝えることで、人の心を動かすことができます。その力を大きくして、チラシにインパクトを与えることで集客効果が上がるのです。

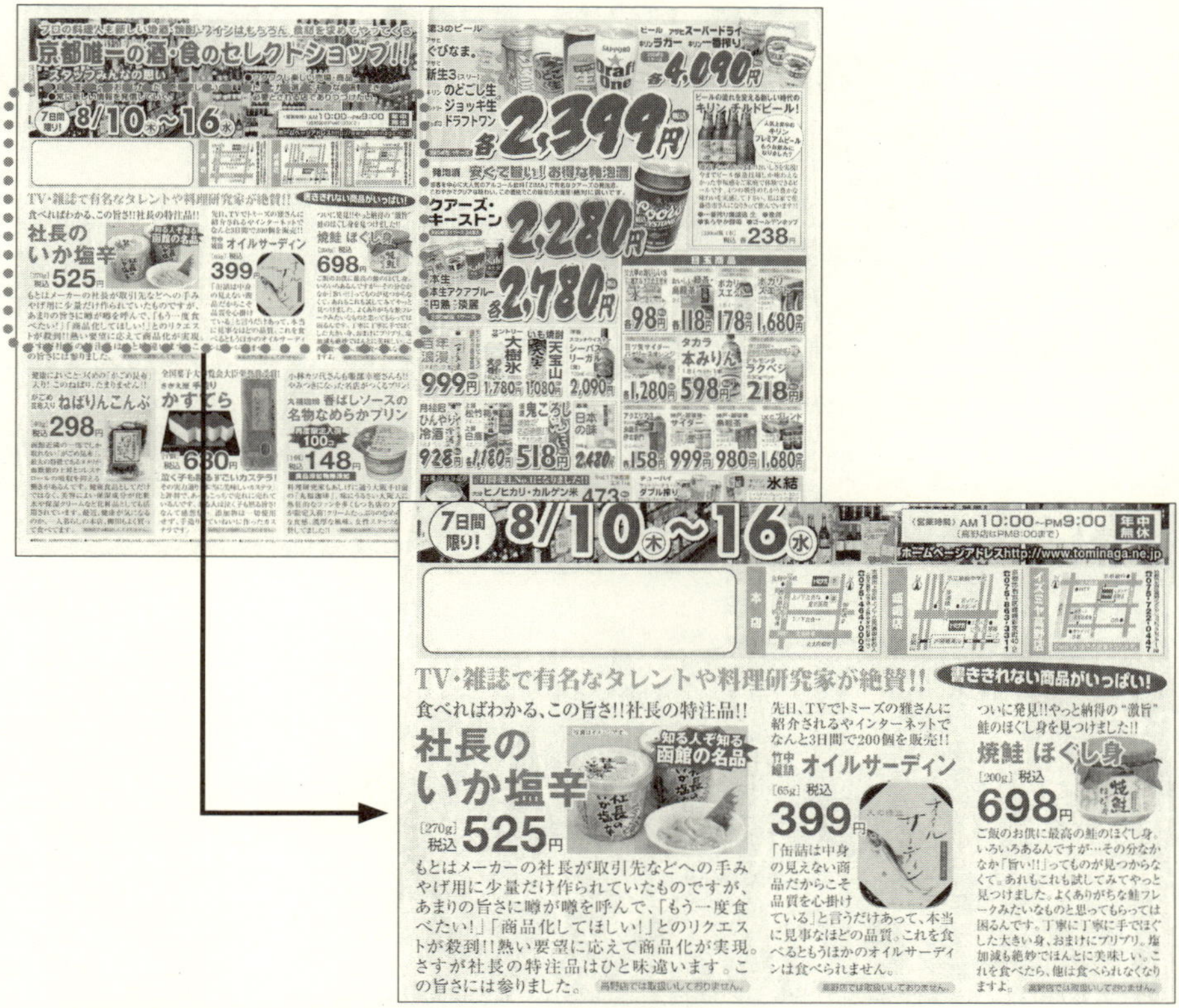
京都唯一の酒・食のセレクトショップ!!
7日間限り! 8/10(木)~16(水)
〈営業時間〉AM10:00~PM9:00 年中無休
(高野店はPM8:00まで)
ホームページアドレスhttp://www.tominaga.ne.jp
TV・雑誌で有名なタレントや料理研究家が絶賛!!
書ききれない商品がいっぱい!
食べればわかる、この旨さ!!社長の特注品!!
社長のいか塩辛
知る人ぞ知る函館の名品
[270g] 税込 525円
もとはメーカーの社長が取引先などへの手みやげ用に少量だけ作られていたものですが、あまりの旨さに噂が噂を呼んで、「もう一度食べたい!」「商品化してほしい!」とのリクエストが殺到!!熱い要望に応えて商品化が実現。さすが社長の特注品はひと味違います。この旨さには参りました。
高野店では取扱いしておりません。
先日、TVでトミーズの雅さんに紹介されるやインターネットでなんと3日間で200個を販売!!
竹中罐詰 オイルサーディン
[65g] 税込 399円
「缶詰は中身の見えない商品だからこそ品質を心掛けている」と言うだけあって、本当に見事なほどの品質。これを食べるともうほかのオイルサーディンは食べられません。
高野店では取扱いしておりません。
ついに発見!!やっと納得の"激旨"鮭のほぐし身を見つけました!!
焼鮭 ほぐし身
[200g] 税込 698円
ご飯のお供に最高の鮭のほぐし身。いろいろあるんですが…その分なかなか「旨い!!」ってものが見つからなくて。あれもこれも試してみてやっと見つけました。よくありがちな鮭フレークみたいなものと思ってもらっては困るんです。丁寧に丁寧に手でほぐした大きい身、おまけにプリプリ。塩加減も絶妙でほんとに美味しい。これを食べたら、他は食べられなくなりますよ。
高野店では取扱いしておりません。

ＴＶ・雑誌で紹介された実績を伝えることで集客効果が上がる

リフォームをプラスデコさんにお願いしたらおじいちゃんが孫のためにニコニコでカレーを作るようになったんですよ!
その理由は…
話をしながら楽しく料理してます!
友達をたくさん呼びたくなりました!
落ち着くんです!
思わず友達にも自慢したくなりました!
スイスイ歩けるようになりました!
キッチンリフォームの声
きれいになると気持ちいいね
食器洗い乾燥機使いこなしています
家まるごと全面改装の声
こんなに変わるとはたまげました
トイレリフォームの声
明るいトイレになって嬉しい!
浴室リフォームの声
ついつい長湯が増えました
浴槽が大きくなってくつろげるよ
屋根外壁塗装の声
納得のリフォームでした
まるで新築のような仕上がり!

商品を買った人の喜び、体験談を入れることで商品の価値と集客効果を上げる

2章

売れる商品戦略の法則

2-1

商品を絞り込んで品揃え戦略をお客様に伝える

◎商品戦略のない店は消費者に支持されない

不振店が陥りやすいポイントに、「何でも揃っていいます」という品揃えの仕方があります。例えば家具店であれば、ベッド、ソファー、タンス、学習机など、いろいろなものをひととおり揃えています。

「圧倒的に大きい店」であれば、総合店としての魅力はありますが、中途半端の大きさの総合店というのはよろず屋にしか見えません。このような店はおおむね、問屋やメーカーに勧められるがままに商品を置いています。売る側としての商品戦略が何もないのです。

今のようにものがあふれている時代には、どんな業種でも「特徴のない店」はお客様に支持されません。ふらっと気まぐれにお店に入る場合もありますが、ほとんどの消費者は目的意識を持って店に入っています。

例えば、「ほしい商品がたくさんあるから」「この店が選んだ商品はセンスがあるから」といったように、消費者はお店を選択しているのです。

ただ「家具なら何でも揃っています」ではダメなのです。店に入るまで何が売りたいかわからない特徴のない店には、目的を持った消費者は入ろうともしません。

◎看板商品で一点突破

まずは、自分の店が「何を売るべきなのか」「何を中心に売っていくべきなのか」をはっきりと決めることが重要です。家具店であれば、「ベッドを中心に売る」「ベッドの品揃えで地域一番になる」というように明確に決めなくてはなりません。要するに、店の「看板商品（主力部門）」をつくるということです。

商品を絞り込み、それがお客様に伝われば、その「看板商品」を中心に売上は伸びていきます。看板商品で集客して、他の商品もついで買いで売れるようになっていくのです。このやり方をマーケティングでは「一点突破戦略」といいます。

お客様が集まる売れる店にするには、商品戦略が根本です。1つでもいいから他店に負けない「看板商品（主力部門）」をつくることが、業績を上げるのに不可欠なのです。

ベッドの
品揃えは“地域一番”

2-2

看板商品をどうやって選ぶか

◎お客様の支持率をポイントに看板商品を選ぶ

看板商品（主力部門）の選び方で重要なのは、「好き嫌い」で決めてはならないということです。サッカーが好きだからと一生懸命に頑張ったとしても、誰でもプロサッカー選手になれるわけではありません。商売の世界でも、「この商品が好きだから」というだけで売れるわけではないのです。

「看板商品」を選ぶ際には、お客様の支持率がポイントになってきます。

つまり、マーケットに対して自社の商品の売上実績がどのくらいを占めているか、シェアという指標を使って確かめる必要があります。

◎商圏内マーケットの算出

シェアを出すため、まずは商圏内のマーケット金額を算出します。

商圏人口×マーケットサイズ＝マーケット金額

商圏人口としては、自店の商売エリアの市町村の人口を計算してください。マーケットサイズというのは、国民1人当たりの消費支出額であり、日本全国の消費支出額を人口で割った目安です。

例えば商圏人口20万人であれば、ベッドのマーケットサイズが1350円とすると、商圏内に2・7億円のマーケットがあることになります。

◎シェア（お客様の支持率）の算出

次に、マーケットの金額と自店の売上実績によりシェアを算出します。

商品の売上実績÷マーケット金額＝シェア

仮にベッドの年間の売上が7000万円だったとします。その金額を2・7億円で割ると、シェアが26％となります。これは、次ページで説明する「シェアの原則」からすると、地域1番店かそれに近い店と考えられます。

このように商品群別にシェアを算出することで、客観的にお客様の支持率がわかります。そして、シェアの高い商品群こそが、自社の「看板商品」の候補になってくるのです。

シェアの算出①(ベッド)

商圏人口		マーケットサイズ		マーケット金額
20万人	×	1,350円	=	2.7億円

売　上		マーケット金額		シェア	
7,000万円	÷	2.7億円	=	26%	(1番店シェア)

シェアの算出②(家具全体)

商圏人口		マーケットサイズ		マーケット金額
20万人	×	12,000円	=	24億円

売　上		マーケット金額		シェア	
3億円	÷	24億円	=	13%	(3番店シェア)

シェアの原則

シェア	名　称	実感的意味
42%	独占シェア	敵がいない独占状態
31%	圧倒的1番店	年間12ヶ月圧倒的1番、別格の強さ
26%	1番店	年間12ヶ月1番、明らかに1番店
19%	1.5番店	同じレベルの売上の店あり
15%	2番店	年間12ヶ月2番店
11%	3番店	敵の店長、担当者が自店を見にくる
7%	存在シェア	店名の存在が伝わっている(4～5番店)
3%	非存在シェア	店名すら伝わっていない状態

家具のマーケットサイズ(一部・例)

中分類	小　分　類	1人当たり消費支出金額
単品箱物	整理タンス	380円
	チェスト	260円
	洋服タンス	340円
	昇り・和タンス	20円
	シューズボックス	250円
		1,250円
ダイニング	食器棚	800円
	食卓セット	860円
	キッチンカウンター	200円
	レンジ台	150円
	ワゴン	90円
		2,100円
リビング	ソファー	1,440円
	リビングテーブル	200円
	サイドボード	160円
	TV・リビングボード	330円
	ローボード	150円
		2,280円
ベッド	ベッド	1,100円
	パイプベッド	100円
	二段ベッドシステム	150円
		1,350円

2000年 船井総合研究所算出

ここがポイント!

商品群別にシェアを算出することで、お客様に支持されているかが客観的にわかってくる

2-3

看板商品へのパワー集中で業績アップ

◎店全体に影響を与える「看板商品」

お客様の支持率の高い商品群でも、店全体の売上からすれば微々たる数字という場合もあります。

しかし、看板商品（主力部門）にしたいのなら、その売上により店全体の売上を左右するくらいの影響を与えるものでなくてはなりません。

例えば、売上全体の５％の部門が、前年対比80％と大幅に売上を落としたとします。売上全体でいえば１％の売上ダウンになります。この部門は、店全体からすればほとんど影響はありません。

では、売上全体の25％を占める商品であればどうでしょう。同じように前年対比80％に売上が落ちたとします。これは、売上全体でいえば５％もダウンすることになります。５％も全社の売上が下がったら、たいていの会社の営業利益は飛んでしまいます。このように大きな影響を与えるものを「看板商品」というのです。

◎「看板商品」を徹底的に売り抜く

とはいえ、最初からお客様の支持率が高くて、売上全体の25％以上を占めるような商品（部門）は、そうそうあるものではありません。

ようは考え方しだいです。最初は売上シェア10％の商品からでもいいのです。「これを看板商品」と決めて、売上が全体の25％以上を占める商品にしていくことが重要なのです。

例えば、私がコンサルタントをしているＳ家具店では、ベッドを看板商品として売ろうと決めました。競合の１番店を見たところ、自店より少し売場が大きいだけで、商品展示もそれほど多くはありませんでした。

そこで、ベッドの品揃えを競合店よりアイテム数で１・５倍に増やし、チラシの表面全部をベッドにして、１年間は徹底的に売り込みました。

この戦略によりベッドの売上を４０００万円から１年で９０００万円へと、２倍以上にすることができました。そして、全体の売上も２億円から2・5億円となりました。ベッドを看板商品にして徹底的に売り抜くことで、店全体の売上を伸ばすことにも成功したのです。

看板商品化の例

●改革前　　(単位：千円)

部　門	マーケットサイズ	マーケット金額	シェア	売　上	構成比
ブライダル	1100	220000	5%	10000	5%
単品タンス	1250	250000	8%	20000	10%
ダイニング	2100	420000	7%	30000	15%
リビング	2280	456000	7%	30000	15%
ベッド	1350	270000	15%	40000	20%
和家具	280	56000	9%	5000	3%
書　斎	460	92000	5%	5000	3%
シーズン家具	1070	214000	12%	25000	13%
小物家具	2000	400000	9%	34000	17%
育児家具	110	22000	5%	1000	1%
合　計	12000	2400000	8%	200000	100%

看板商品化

●改革後　　(単位：千円)

部　門	マーケットサイズ	マーケット金額	シェア	売　上	構成比
ブライダル	1100	220000	3%	7000	3%
単品タンス	1250	250000	6%	15000	6%
ダイニング	2100	420000	6%	27000	11%
リビング	2280	456000	5%	25000	10%
ベッド	1350	270000	33%	90000	36%
和家具	280	56000	4%	2500	1%
書　斎	460	92000	3%	3000	1%
シーズン家具	1070	214000	16%	35000	14%
小物家具	2000	400000	11%	45000	18%
育児家具	110	22000	2%	500	0%
合　計	12000	2400000	10%	250000	100%

ここがポイント！

「何でも万遍なくある家具店」から「ベッドの品揃えのよい家具店」へシフトすることで、売上アップが実現

2-4

売れる看板商品の単品マトリックス戦略

◎お客様の視点で「単品」を捉える

商品群が多くなると、部門の売上数字とアイテムの売れ個数で売上を見てしまいがちです。しかし、それはあくまでも店側の実績を把握するための視点であって、お客様の視点ではありません。

商品を売れるようにするには、お客様の目的に合わせて考えなくてはならないのです。

船井流ではそれを「単品」で捉えています。お客様の購入単位、つまりお金を払う単位のことです。

引き続き家具店の例で説明していくと、シングルベッド、セミダブルベッド、ダブルベッド、ベッドカバー、ふとん、枕……というのが「単品」となります。

◎「単品マトリックス」を捉える

単品を捉えたら、その特性を考えた売り方を整理する必要があります。次ページの商品マトリックスのように、客単価、売れ個数を軸にして、S家具店のベッド部門の単品特性を整理しています。

Aは、客単価が高くて売れ個数が多いので、収益をつくるグループと位置づける「収益単品」です。

Bは、客単価が高くて売れ個数が少ないので、収益をつくるのが不安定な単品です。一度買ってくれた顧客に売る「リピート単品」と位置づけます。

Cは、客単価が低くて売れ個数が多いので、収益はつくれないが客を集める「集客単品」と位置づけます。

Dは、客単価が低くて売れ個数が低いので、集客もできず収益もつくれないため、ついでに買ってもらう「オプション単品」に位置づけます。

これを当たり前と思う人もいるとは思いますが、現実にはできていない会社が多いのです。業績が低迷している会社は、アイテムの売れ個数、在庫数に振り回されていて、「売り方」があいまいになっています。

特に販促企画をする場合には、

・集客する「集客単品」
・収益をつくる「収益単品」

この2つのパワーを最大限に上げることが不可欠になってきます。

単品マトリックス(ベッド)を捉える

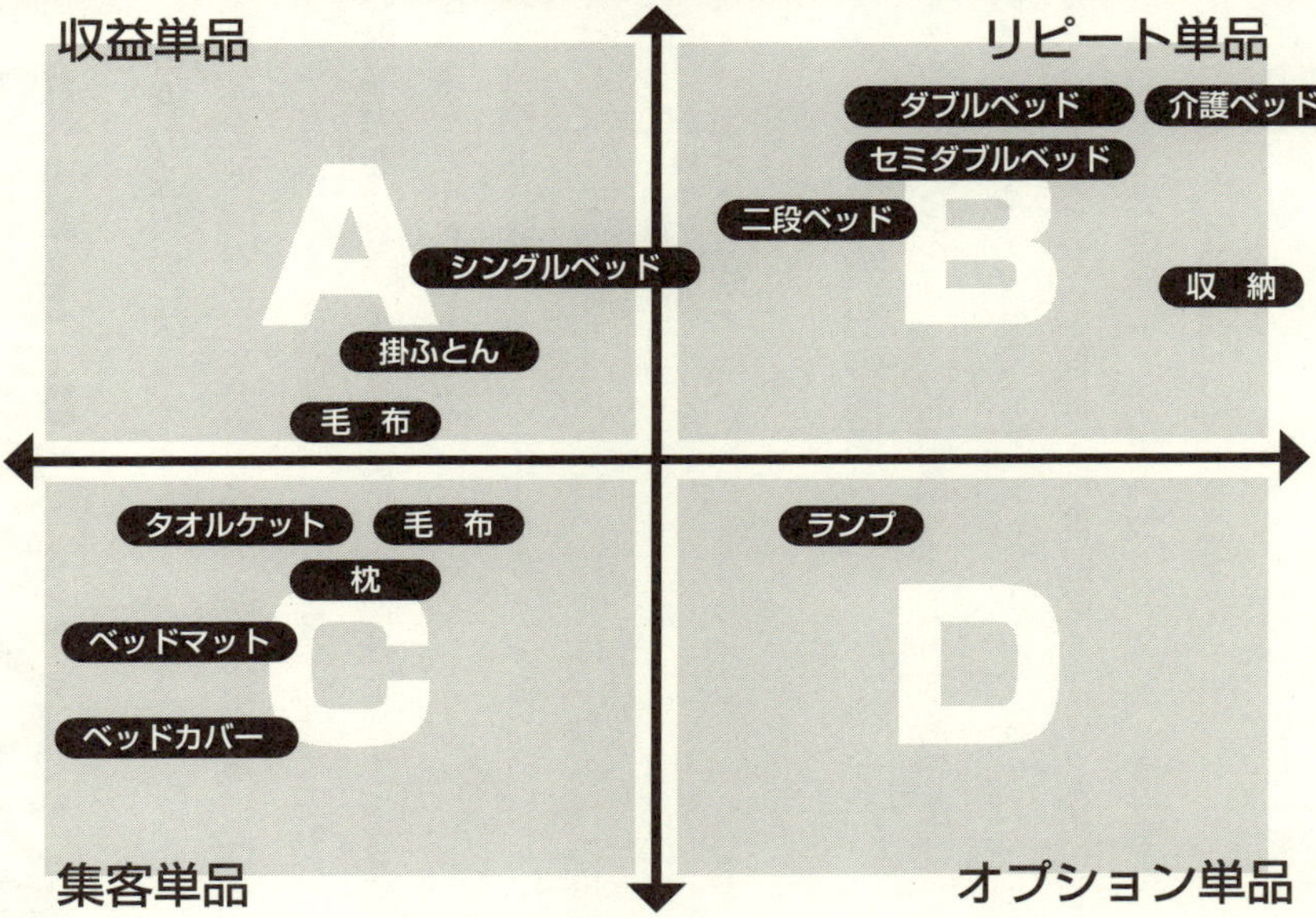

収益単品
リピート単品
集客単品
オプション単品
A
B
C
D
ダブルベッド
介護ベッド
セミダブルベッド
二段ベッド
シングルベッド
収　納
掛ふとん
毛　布
タオルケット
毛　布
ランプ
枕
ベッドマット
ベッドカバー

中心地：客単価　10,000円　年間販売数量　200本

単品分類を捉える

業　種	部　門	単品ライン	単　品	アイテム
家　具	ベッド	ベッド	シングルベッド	シモンズ ポケットコイルの シングルベッド 8万円
家　電	テレビ	液晶テレビ	液晶テレビ 32型	シャープ アクオス 32型 13万円
スーパー	果　物	りんご	りんご 5kg	青森県産 完熟りんご 2,000円

ここで

ここがポイント！

お客様の視点で単品（お客様の購入単位）を捉え、商品マトリックスを使って商品の売り方を明確にする

2-5

収益単品でダントツ売上アップ

◎「1・3倍の法則」とは

収益単品を地域でダントツ支持の商品にするには、「1・3倍の法則」を実践することが重要です。それは、自社の商品力を「量」または「質」で他社より1・3倍以上優るようにすることです。

これは、船井総研の長年のデータから立証されている法則です。1・0倍から1・2倍の差では、お客様の視点では同等にしか思ってもらえませんが、1・3倍の差になると、他社より魅力的に思ってもらえるということです。

◎「量の1・3倍の法則」の浸透

小売業であるならば、商品の量の「1・3倍の法則」を実践することを考えます。例えば家具店であれば、シングルベッドについて、他社より商品数を1・3倍にします。あわせて売場展示アイテム数1・3倍、チラシ掲載アイテム数1・3倍にしていきます。

それにより、市場にシングルベッドの品揃え力一番が浸透することで、売上がアップしていきます。

◎「質の1・3倍の法則」の浸透

サービス業であれば、サービスの質で「1・3倍の法則」を実践することを考えます。

例えば美容室であれば、髪を切る料金は他店と同じ料金設定で、マッサージ10分をサービスすることにより価値を高めます。

あるいはパスタの店であるならば、他社と同じ値段でパスタの量を1・3倍にすることで価値をあげるのです。

このように、他社より得であるということを消費者に浸透させることで売上はアップしていきます。

収益単品の売上を上げるには、商品力、サービス力が他社より3割以上優っていることを浸透させていくことです。これは、店の業績を大きく左右する生命線となります。

瞬間的な業績に振り回されるのではなく、最低でも半年から1年間、徹底して市場に浸透させることを考えなくてはなりません。その継続性が、収益単品の売上を上げることにとって重要なのです。

量の1・3倍の法則

●展示本数

単品名	競合店展示数			自店展示（改善前）	自店展示（改善後）
	A店	B店	C店		
シングルベッド	25本	20本	15本	20本	30本
セミダブルベッド	10本	6本	5本	8本	5本
ダブルベッド	15本	10本	8本	13本	10本
介護ベッド	10本	5本	4本	7本	5本

シングルベッド → 伸ばすところは展示数で他社に圧倒的に勝つ

セミダブルベッド・ダブルベッド・介護ベッド → 伸ばさないところは３番店・４番店の展示水準にする

●チラシ掲載数

単品名	競合店チラシ掲載数			自店掲載（改善前）	自店掲載（改善後）
	A店	B店	C店		
シングルベッド	8本	6本	7本	8本	13本
セミダブルベッド	4本	2本	3本	4本	2本
ダブルベッド	4本	4本	3本	6本	4本
介護ベッド	3本	2本	1本	2本	3本

シングルベッド → 伸ばすところは掲載数で他社に圧倒的に勝つ

セミダブルベッド・ダブルベッド・介護ベッド → 伸ばさないところは３番店・４番店の掲載水準にする

質の1・3倍の法則

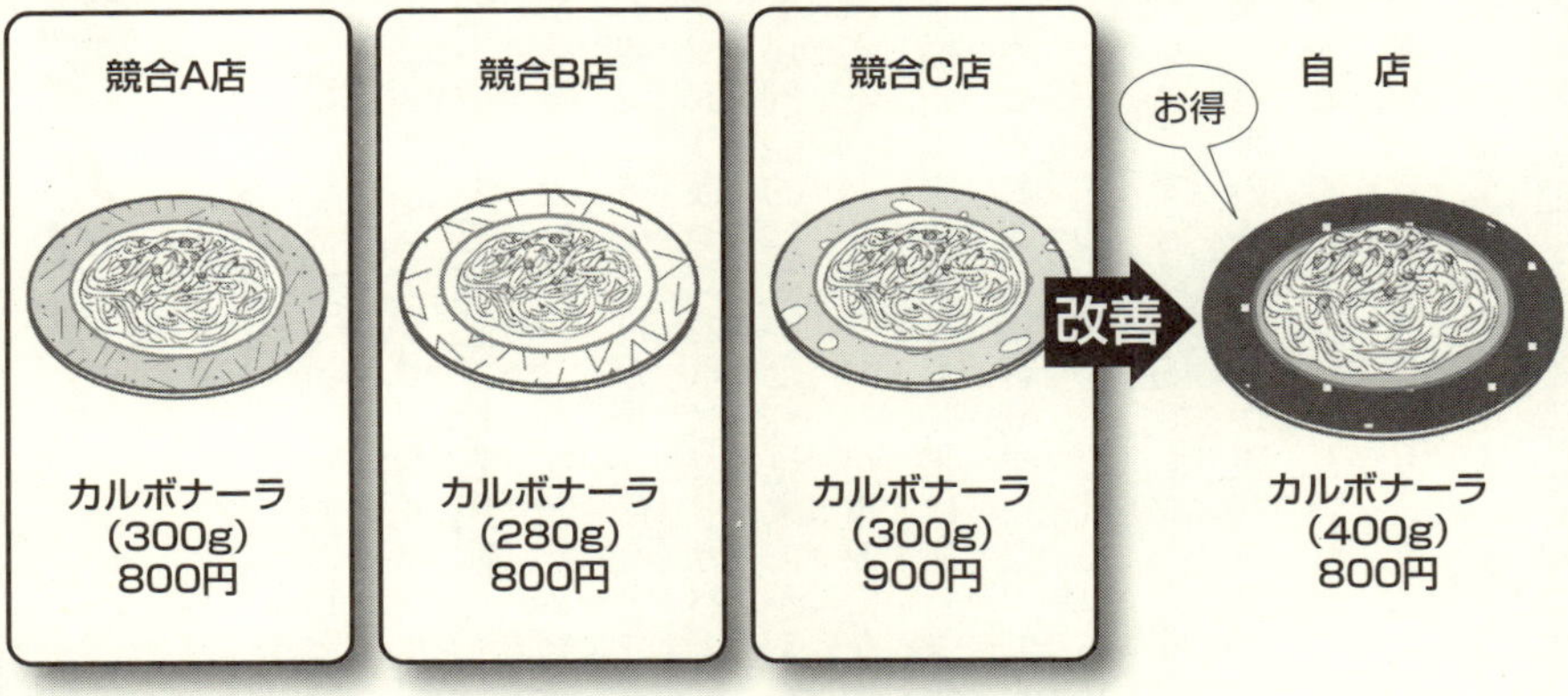
競合A店
カルボナーラ
(300g)
800円
競合B店
カルボナーラ
(280g)
800円
競合C店
カルボナーラ
(300g)
900円
改善
自　店
お得
カルボナーラ
(400g)
800円

ここがポイント！

収益単品は競合店に比べて明確な差をつけることにより、売上をつくる集客ができる

2-6

「集客単品」でダントツ集客アップ

◎収益単品購入までのつなぎ役を果たす集客単品

「収益単品」をより効果的に売るには、「集客単品」の存在が不可欠です。特に高額商品の売上アップは、それによる相乗効果がポイントになってきます。

「収益単品」というのは、何回も繰り返し目にすることで、ほしくなっていくものです。しかし、消費者心理からすれば、見るだけの目的で来店して販売員に接客を受けることには、引け目を感じてしまいます。

そこで、手軽に買える低単価の「集客単品」があると、店に入る理由ができて店に入りやすくなります。ベッドを例にするならば、収益単品＝シングルベッドに対して、集客単品＝ベッドカバーという関係です。

シングルベッドは平均単価が7万円前後、購買頻度が約5年の耐久商品です。そして、ベッドカバーは平均単価7000円前後で、購買頻度が1年くらいの消耗商品です。この関係により、ベッドカバーを買いに来るついでにシングルベッドを見られるという構図ができてきます。

つまり、集客単品というのは、収益単品を買うまでの「つなぎ役」なのです。この関係を構築することが、高単価商品を売るための大事なポイントになります。

◎セレクト力で共感させて集客

集客単品というのは、アイテム数を揃えることよりも収益単品との関連性が重要になります。ベッドの例でいえば、取り扱っているベッドカバーにより、シングルベッドが機能的になったり見栄えがよくなったりすることを伝える「セレクト力」が重要になってきます。ただ商品を揃えて訴求しても効果はありません。セレクト力で共感させることが集客効果になってくるのです。

また、商品のセレクトだけではありません。サービスのセレクトでも効果的です。例えば中古車販売店では、整備・修理のサービスが集客単品です。それは、収益単品を売るための「安心」というセレクトになります。

集客単品とは、収益単品を売るための存在です。特に品揃え力は必要ありません。「セレクト力」を出すことが、集客効果を上げることになるのです。

集客単品の商品戦術

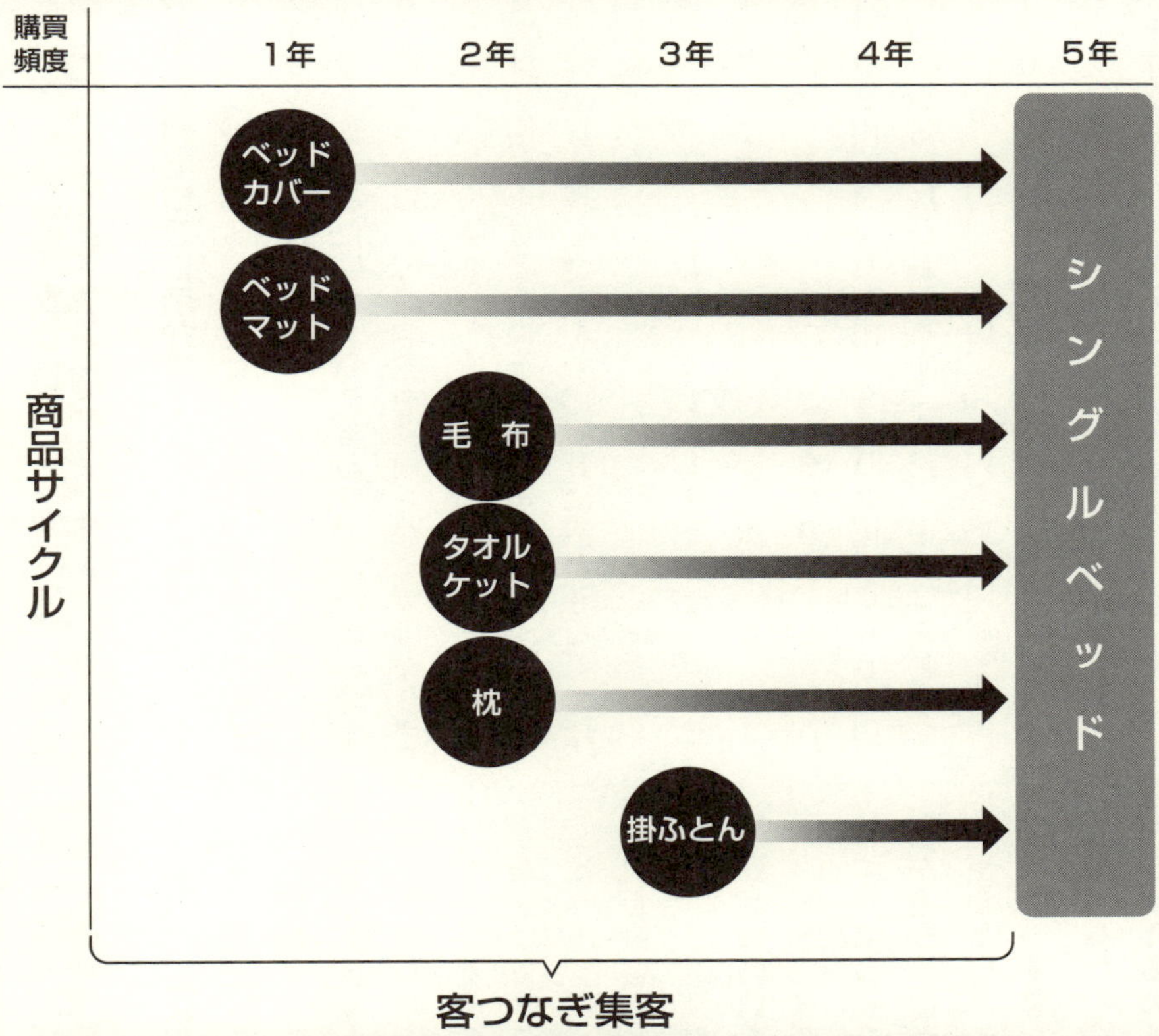
購買頻度
1年
2年
3年
4年
5年
商品サイクル
ベッドカバー
ベッドマット
毛　布
タオルケット
枕
掛ふとん
シングルベッド
客つなぎ集客

業　種	集客単品	収益単品
中古車	・車検　・タイヤ交換 ・板金塗装　・オイル交換	軽自動車
家　電	・DVDメディア　・DVDデッキ ・DVDソフト	液晶テレビ
紳士服	・Yシャツ　・靴下 ・ネクタイ	スーツ

ここがポイント!

収益単品に客づけするため、関連する購買頻度の高い商品を充実することで売上をつくる集客ができる

2-7

予算帯発想を持ったＭＤ（商品化計画）

◎「予算帯」発想でＭＤに活かす

消費者に支持される商品力にするには、ＭＤ（マーチャンダイジング＝商品化計画）が重要になってきます。ただ商品量を集めるだけで、売れるわけではないのです。消費者心理をつかんで、品揃えを計画しなくてはなりません。

消費者は、商品を買う時に予算を持っています。まずは消費者の予算心理をつかんで、ＭＤに活かさなくてはなりません。

予算というのは「1→1・5→2→3→5→7」が基準になっています。

具体的には、Ｔシャツであれば1000円、1500円、2000円、3000円、5000円、7000円、1万円の予算帯に区分されます。また、中古軽自動車であるならば、5万円、7万円、10万円、15万円、20万円、30万円、50万円に区分されます。

これさえ認識していれば、どんな単品でも消費者が持っている予算帯を把握することができます。

◎「価値／価格」発想で消費者が求める価値を整理

予算帯を区分したら、予算別に消費者が求めていることを把握することが重要です。

初めて買う人が集まる予算、買い替える人が集まる予算、こだわりを持つ人が集まる予算というものがあります。それを知ることにより、売れる商品の「価値／価格」がわかってきます。

次ページは、予算帯別に売れ筋商品を分析して、予算帯別価値をまとめたＭＤ表です。これをまとめることにより、予算別に消費者が求める価値が整理できます。

商品の価値を分解すると、ブランド、本来的機能、付加的機能、本来的デザイン、付加的デザインに分けられます。ＭＤ表を見ると、予算によって求められている価値が違うことがわかると思います。

ＭＤというのは、予算帯別に消費者の求める価値を整理して、品揃えを計画することです。これをすることにより、無駄な商品の取り扱いがなくなり、確実に売上が伸びてくるのです。

予算帯の目安

目安	シングルベッド	Tシャツ	紳士服	中古軽自動車	注文住宅
20.0	200,000円	–	200,000円	–	–
15.0	150,000円	–	150,000円	150万円	–
10.0	100,000円	10,000円	100,000円	100万円	1億円
7.0	70,000円	7,000円	70,000円	70万円	7000万円
5.0	50,000円	5,000円	50,000円	50万円	5000万円
3.0	30,000円	3,000円	30,000円	30万円	3000万円
2.0	20,000円	2,000円	20,000円	20万円	2000万円
1.5		1,500円	15,000円	15万円	1500万円
1.0		1,000円	10,000円	10万円	1000万円

価値／価格の目安（シングルベッド）

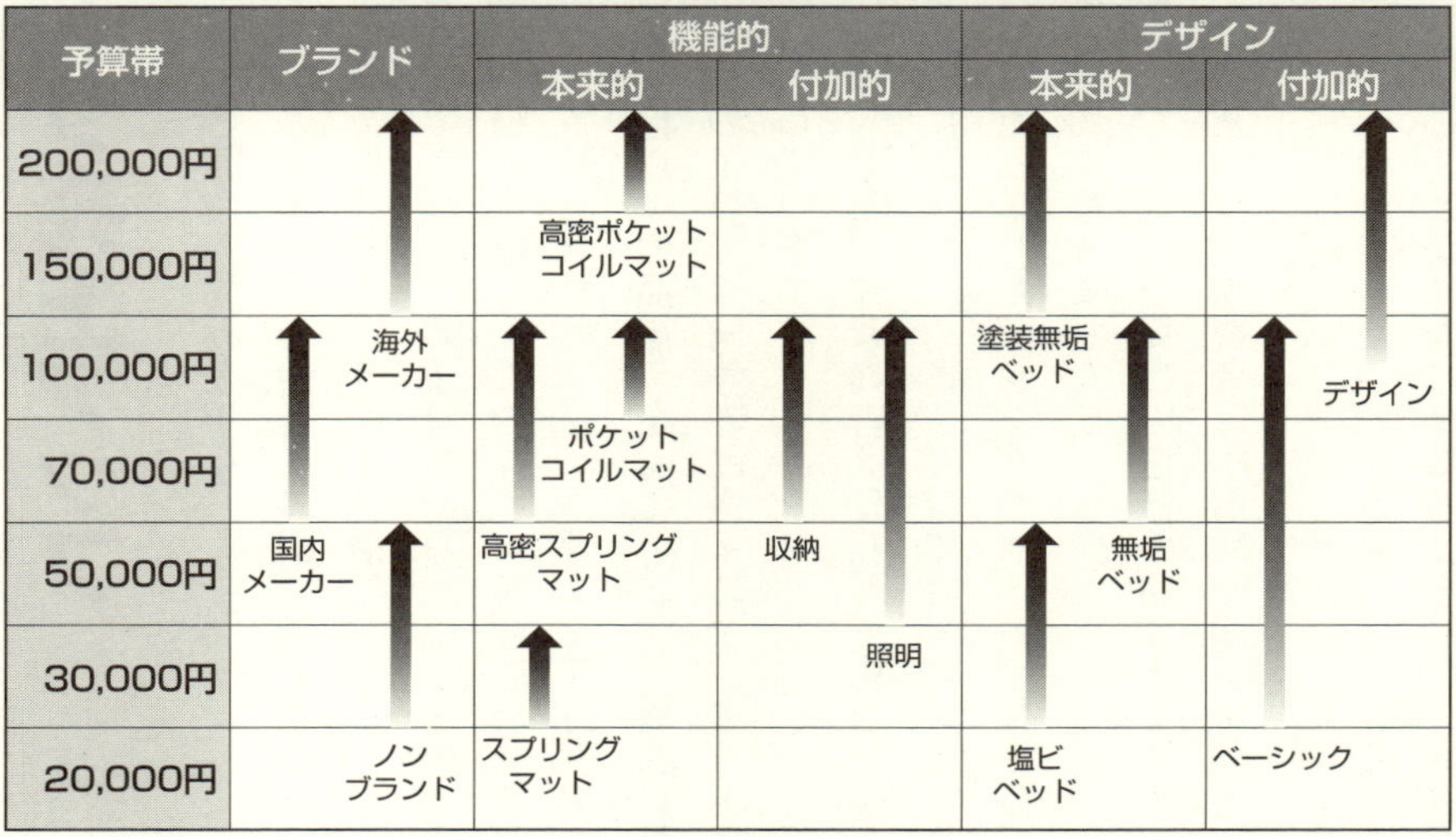
予算帯
ブランド
機能的
本来的
付加的
デザイン
本来的
付加的
200,000円
150,000円
100,000円
70,000円
50,000円
30,000円
20,000円
海外
メーカー
国内
メーカー
ノン
ブランド
高密ポケット
コイルマット
ポケット
コイルマット
高密スプリング
マット
スプリング
マット
収納
照明
塗装無垢
ベッド
無垢
ベッド
塩ビ
ベッド
デザイン
ベーシック

ここがポイント！

消費者が意識として持っている予算帯をつかみ、予算ごとに売れる商品の価値を整理する

2-8

「予算帯」突破でダントツ売上アップ

◎競合店の弱い予算帯を見つける

最初から単品で「シングルベッド一番」「中古軽自動車一番」になれれば、それに越したことはありません。

しかし現実には、一気に全予算帯を攻略するには、投資と時間がかかります。まずは一番を取れる予算帯を見つけ、圧倒的な勝利をおさめることが重要なのです。これを「予算帯包み込み法」といいます。

予算帯包み込み法を実践するには、競合相手を知ることが重要です。競合店が弱い予算帯、強い予算帯を整理することが大事になってきます。

これを行うには「競合店の商品力調査」が欠かせません。船井総研が経営支援のアドバイスをしている企業は、定期的にこれを実践しています。メーカー、品番、定価、売価、カラーを徹底的に調査して、競合の品揃えを丸裸にしてしまうのです。

これを自社の品揃えと比較し、敵の弱みを自社の強みにする予算帯包み込み法を実践するMDを構築していきます。

◎競合の弱みを叩く

調査で出た競合店の弱い予算帯における品揃えは、競合他社の1・5倍～2倍にします。

次ページの予算帯MD表は、S家具店と競合他社のMDを比較したものです。競合店は各予算帯を均等にする品揃えですが、S家具店は5万円予算では他店の1・5倍以上の品揃えをしています。それ以外は、5万円以下の予算では同等の品揃えにし、5万円以上は50～70％としています。

実際、S家具店は5万円予算の品揃えを強化することによって、その予算帯では前年対比200％アップを果たしました。シングルベッド全体では、前年対比150％になりました。

特定の予算帯で他社の品揃えより1・5～2倍に包み込めば、消費者に圧倒的な印象を与えることができます。

「予算帯」というのはMDのキモというべきものです。その施策しだいで、S家具店のように業績を大幅にあげることが可能になるのです。

予算帯包み込み法

予算帯	展示量 A店	展示量 B店	展示量 C店
200,000円	1本		
150,000円	4本	1本	
100,000円	6本	4本	4本
70,000円	8本	7本	6本
50,000円	6本	6本	5本
30,000円		2本	
20,000円			
合　計	25本	20本	15本

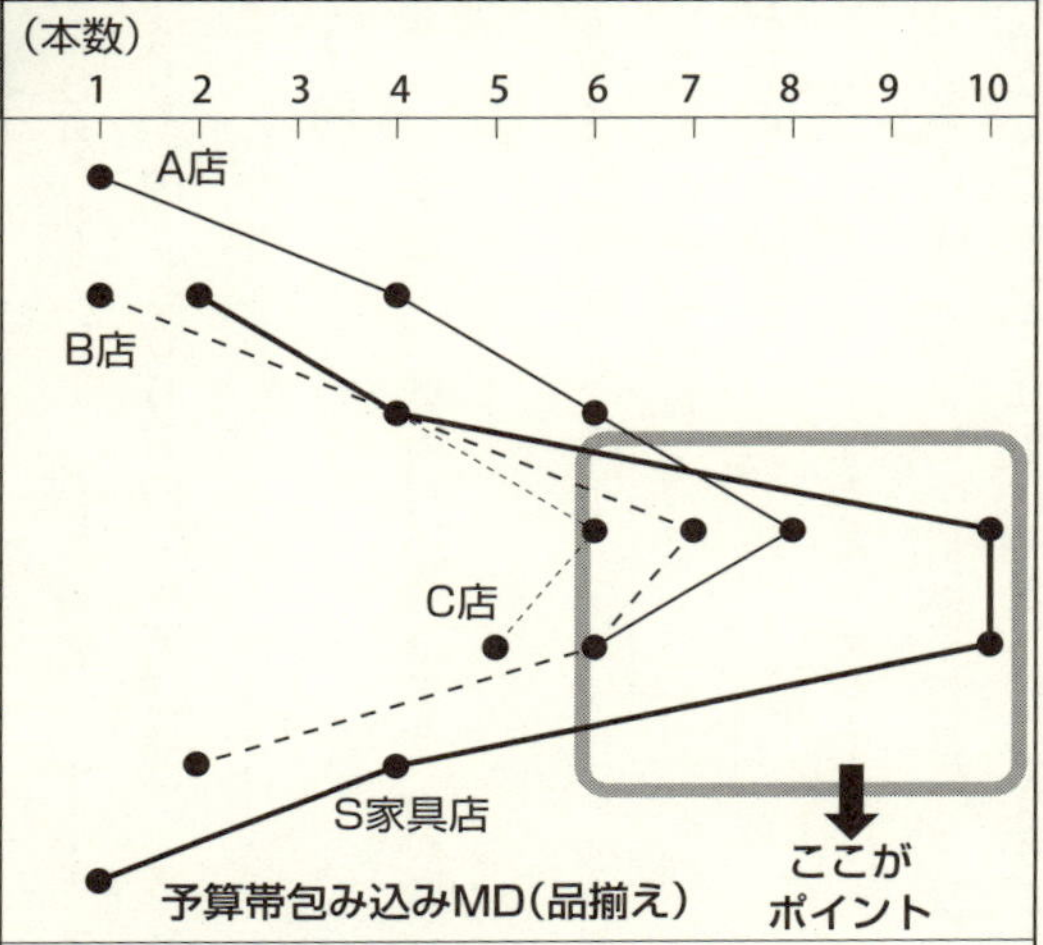

全予算帯で勝つのではなく
特定の予算帯を強くする

強い予算帯をチラシに
全面的に打ち出す

ここがポイント!

競合店の弱い予算帯を見つけて徹底的に強化することで、確実に集客のできるポイントをつくる

2-9

「低予算帯」でダントツ売上アップ

◎所得分布をつかむ

集客を考えるに際しては、低予算のMDが重要になってきます。「大衆向け」の商売をしているのであれば、これをおろそかにしている店は、ほとんどといってよいほど集客ができていません。

「平成18年国民生活基礎調査の概況」を見れば、

・年収1000万円以上（高所得層）…………約13％
・1000万円～500万円（中所得層）……約33％
・500万円以下（低所得層）………………約55％

という構成になっています。

このデータからも、低所得層の低予算帯が重要なことがわかります。

集客を考えた場合、その予算帯のMDを競合相手よりも魅力を出すことが重要なのです。

◎低予算帯をつかむ

実際、私どもはコンサルティングをするにあたって、低予算を基準にする場合は「最低予算帯」を決めています。商品ジャンルやそれぞれの商品の普及度によっても異なりますが、大枠で次のようになります。

・食品・生活雑貨………最低予算1・0～2・0倍
・住・衣料………………最低予算1・0～3・0倍
・趣味品…………………最低予算1・0～5・0倍

例えば家具のシングルベッドの場合、最低予算は2万円です。そこで低予算帯として、2万円、3万円、5万円の3段階の品揃えを充実するよう指導しています。

このように、所得分布を基準にあくまで後付けの仮説で予算帯を重ねることにより、単品の予算帯別のマーケット分布が見えてきます。

低予算帯というのは、消費者が一番求めている予算帯です。この予算帯で高シェアを持っている会社が、商圏内で優位に立てます。

カジュアル衣料のユニクロを展開するファーストリテイリング、家具インテリアのニトリは、その代表的な例と言えます。

低予算帯のMDの構築は、単品で一番になるうえで非常に重要な要素なのです。

所得金額階級別世帯数の相対度数分布

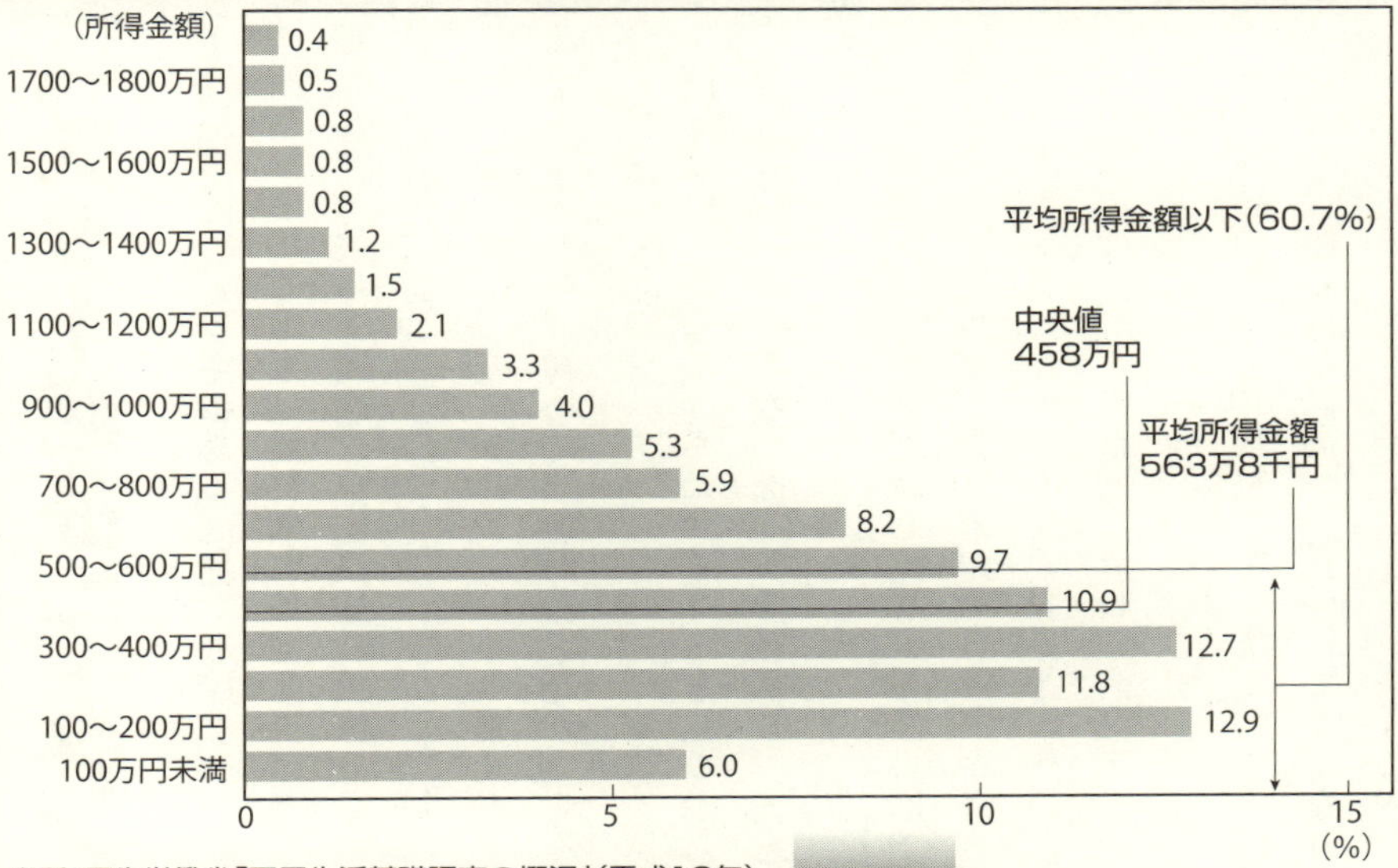

（所得金額）
1700〜1800万円
1500〜1600万円
1300〜1400万円
1100〜1200万円
900〜1000万円
700〜800万円
500〜600万円
300〜400万円
100〜200万円
100万円未満
0.4
0.5
0.8
0.8
0.8
1.2
1.5
2.1
3.3
4.0
5.3
5.9
8.2
9.7
10.9
12.7
11.8
12.9
6.0
0
5
10
15
（%）
平均所得金額以下（60.7%）
中央値
458万円
平均所得金額
563万8千円

出所：厚生労働省「国民生活基礎調査の概況」（平成18年）

所得分布連動型MD

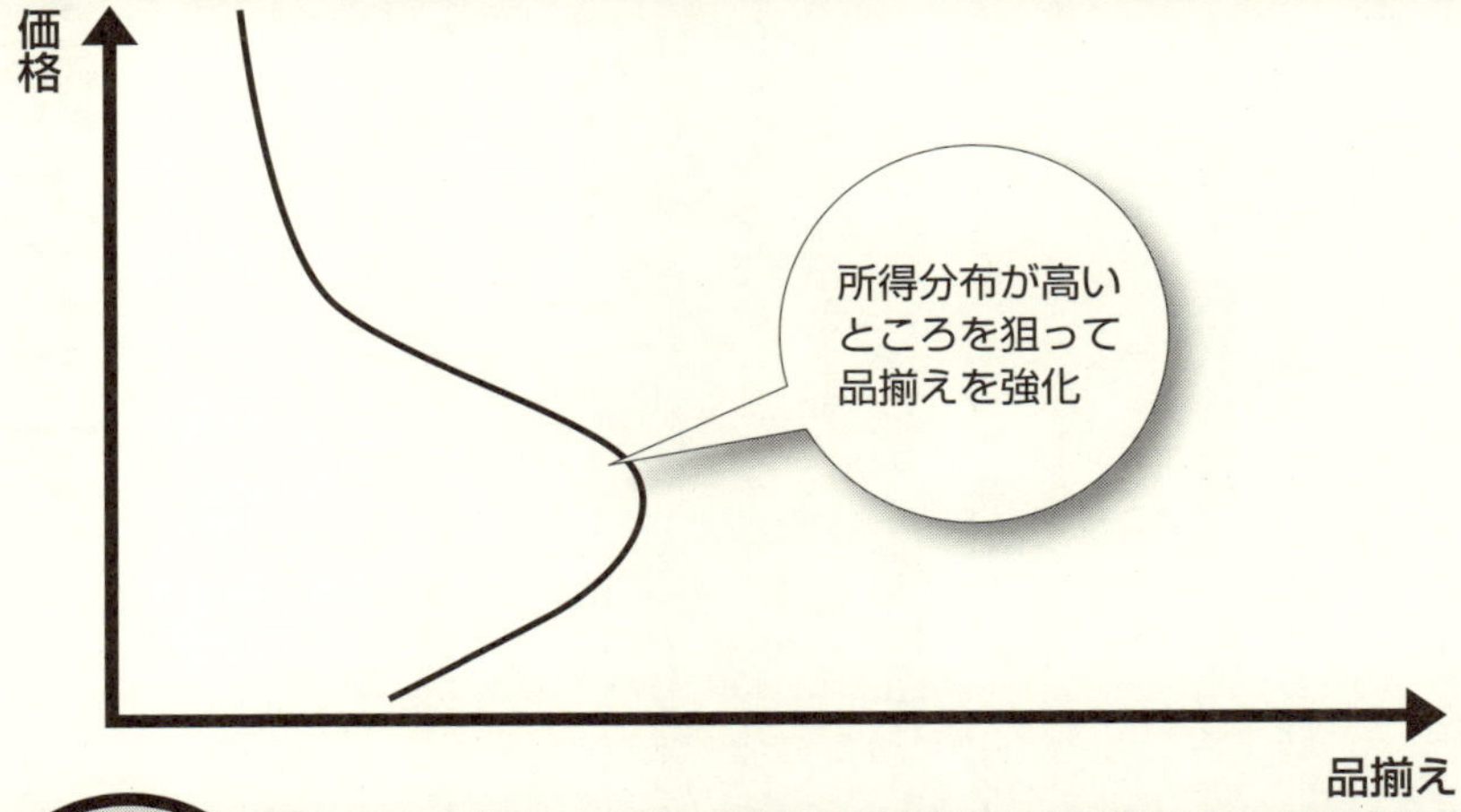

価格
所得分布が高い
ところを狙って
品揃えを強化
品揃え

ここがポイント！

所得分布の高い低所得者層を強化することで、集客力を上げることができる

2-10

「スター商品」でダントツ売上アップ

◎スター商品候補の「ツキのある商品」を探す

予算帯ＭＤを構築しても、最終的には商品アイテムの勝負になります。競合の品揃えを包み込む予算帯をつくっても、そこの売り個数で30％以上のシェアを占める「スター商品」がなければ、売れるＭＤにはなりません。スター商品があることで、初めて他の商品も売れてくるのです。

スター商品というのは、ツキのサイクルを見ながら、「ツキのある商品」「ツキのない商品」を見極め、先を見る目がポイントになってきます。

ツキのある商品というのは、新しく導入したら同予算帯の商品アイテムに比べて、売れ方のスピードが１・３倍以上になります。逆に、ツキのない商品というのは、導入しても売れ方のスピードが同予算帯の商品アイテムに比べて、０・７倍以下になってしまいます。

このように商品の売れ方を観察して、まずスター商品候補生である「ツキのある商品」を見つけなくてなりません。

◎スター商品の育成

「ツキのある商品」を見つけたら、チラシに掲載して徹底的に露出します。その際、インパクトを与えるために他のアイテムに比べて１・５倍から２倍の大きさで載せます。

そうすると、他のアイテムに比べて２倍以上売れるようになり、予算帯を引っ張るスター商品になります。最終的なピークでは、他のアイテムに比べて３倍以上売れるようになってきます。

スター商品といっても、自然に売れるようになるわけではありません。チラシ掲載でインパクトを与えたり、売場でインパクトを与えたりして、会社全体で育てるというバックアップが重要なのです。

また、スター商品も長期間にわたって売れ続けるわけではありません。常に「ツキのある商品」を見つけて、新しい「スター商品」を育成して切り替えていく必要があります。うまずたゆまず、これを繰り返すことが「売れる単品」にするコツなのです。

アイテムの売れ個数

アイテム	売れ個数	倍　率	アイテム	売れ個数	倍　率
A	20本	2.1	E	6本	0.6
B	15本	1.5	F	6本	0.6
C	10本	1.1	G	6本	0.6
D	10本	1.1	H	3本	0.6

※倍率 ＝ 売れ本数 ÷ 平均売れ本数

チラシのアイテム配置

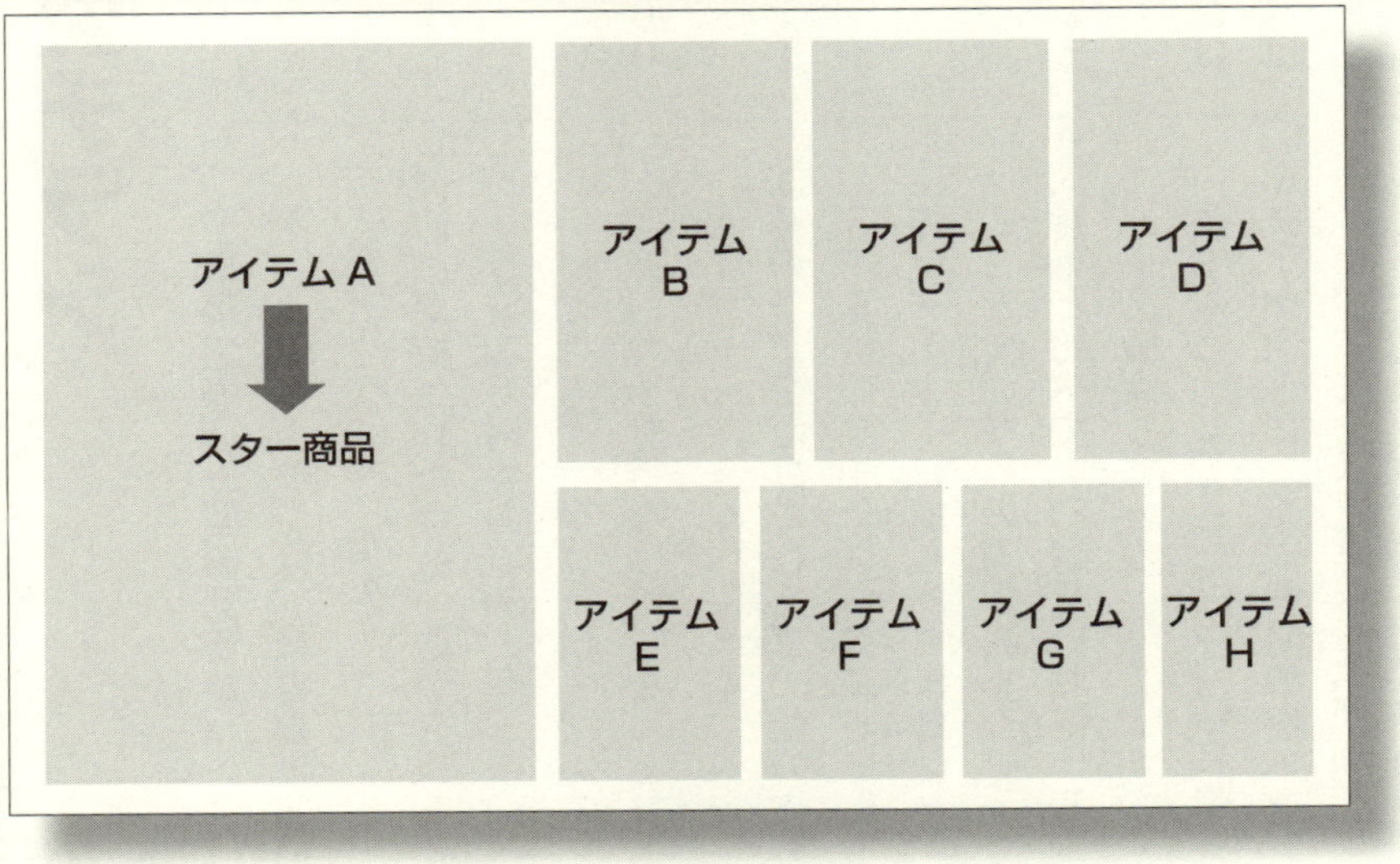
アイテム A
スター商品
アイテム B
アイテム C
アイテム D
アイテム E
アイテム F
アイテム G
アイテム H

ここがポイント！

売れるアイテムを見つけ、それをチラシで他のアイテムより１・５～２倍大きく掲載して、スター商品に育てる

2-11 当たる予算帯突破型チラシ

◎みんなに受けようとするチラシは当たらない

当たらないチラシのパターンとして、「みんなに受けようとする」チラシがあります。みんなに受けようとすると、各単品、各客層、各予算帯といったように、少しずつ多くのアイテムを掲載することになります。

例えば、70万円台の予算で軽自動車の購入を考えているお客様がいたとします。あるチラシを見ると、100万〜150万円のワゴン車やセダン車がほとんどで、片隅に軽自動車も載っていました。そのお客様はチラシを見て、はたしてその店へ買いに行こうと思うでしょうか。まず、「私には関係ない」と思って終わりです。

つまり、「みんなに受けよう」とすればするほど、消費者が離れてしまうのです。本当に当たるチラシというのは、特定のターゲットから圧倒的に支持を受けています。わかりやすく言うと、「予算70万円の軽自動車がほしい」と思っている人だけが見てくれるチラシにすればいいのです。ほしくないと思う人は、ターゲットから切り捨てることが重要です。

◎予算帯包み込み型のチラシ

次ページのチラシは、軽自動車という単品に特化した「予算帯包み込み」型のチラシです。このチラシが、圧倒的に支持されたポイントが5つあります。

①予算帯70万円である69・8万円、79・8万円を買いたい層だけをターゲットにしている
②70万円の予算帯だけで、なんと31アイテムの商品を掲載している
③その予算帯だけで言えば、競合店のチラシと比較して、3〜5倍のアイテムを掲載している
④特定メーカーに偏らず、ほぼ全メーカーの車種を入れることで、多くの選択肢をつくっている
⑤新車と比べて「○○万円お得」と入れることで、メリットを強調している

要するに、「予算70万円の軽自動車がほしい人」だけをターゲットにした、戦略的なチラシなのです。これはまさに、「超・専門店」のモデルとなるチラシと言ってよいでしょう。

圧倒的に70万円の予算帯を強くすることで集客効果を上げているチラシ

2-12

当たる看板商品型チラシ

◎店の個性を打ち出した看板商品型チラシで集客

専門店がチラシ集客したい場合は、店の個性を打ち出すことが、そのまま集客につながってきます。例えばカメラ店であれば「デジタルカメラの地域一番」、ペット店であれば「ミニチュアダックスフンド一番」であることを認知させることが、集客策になってきます。つまり、「自分の店はこうです」という「看板商品」の訴求が不可欠なのです。

次ページは、この要素を取り入れて成功しているペットショップJ店の「看板商品」チラシです。

J店は、犬に特化したペットショップです。店内では数十種類の犬を取り扱っていますが、チラシには店の収益の大半をつくっている「ミニチュアダックスフンド」と「チワワ」だけを載せています。

競合他社のチラシを見ると、1犬種1～2アイテムずつを掲載しています。しかしJ店は、他店のチラシのように「犬」探しをしている人ではなく、「ミニチュアダックスフンド」か「チワワ」を探している人を圧倒的に集めることを狙っています。これにより、その商品売上で地域の競合を圧倒しています。

◎看板商品に特化・充実して他店を圧倒

J店のチラシ作成のポイントを整理すると、次の4点にまとめられます。

①チラシの表面全面を看板商品の「ミニチュアダックスフンド」と「チワワ」で埋め尽くして、店の個性を伝えている

②看板商品は、他店のチラシ掲載アイテムの4倍以上を載せて圧倒している

③安いアイテムだけを載せるのでなく、高いアイテムも載せて、ピンキリで全客層を包み込んでいる

④毛並み、カラーをレパートリーとして載せて、選択肢をつくり客層を広げている

このように、「ペット屋さん」でもなく「犬屋さん」でもなく、「ミニチュアダックスフンド屋さん」「チワワ屋さん」と思われるくらいに特化・充実することで、他店を圧倒するチラシになるのです。

看板商品の収益単品（ミニチュアダックスフンドとチワワ）で他店を圧倒

裏面は収益単品（ミニチュアダックスフンドとチワワ）につなげる集客単品を訴求

3章

売れるコトバの法則

3-1

「コトバ」で当たるチラシにする仕掛け術

◎チラシのコピーで消費者心理を誘導

チラシをつくる際、コピー、つまり「コトバ」の使い方により集客効果が大きく変わってきます。コトバが、チラシを手に取らせ、購買行動を起こしたりするのです。ただ漠然と、タイトルコピー、商品PRコピーをチラシに載せるのではなく、消費者心理をつかんだコトバをコピーにする必要があります。チラシのコピーにもプロセスがあって、認知↓興味↓欲求↓決断というように、消費者心理を誘導することがポイントです。

◎プロセス別に効果的なコピーを考える

①「認知」のコピー

折込みチラシはたくさんあります。そのなかでまず、目にとめてもらわなければいけません。ここで重要なのは、人間が反応しやすいコトバをメインタイトルとして強調することです。それには「警告・注意・命令」を表すコトバが有効です。例えば、「緊急」「速報」「必見」といったコトバを使います。

②「興味」のコピー

次に、チラシを手に取って見てもらうために、興味を持ってもらわなければいけません。そこで、メインタイトルの周辺に、消費者心理をあおるコピーを配します。「情」「欲望」「不安」をあおるコトバによって、チラシに興味が湧いてくるようになります。

③「欲求」のコピー

チラシの中身の商品・サービスを見てもらうには、商品の魅力を打ち出すコトバ演出が必要です。「鮮度」「限定」「希少」を強調するコトバを入れることで、魅力が増して、欲求を与えることができます。

④「決断」のコピー

消費者に購買行動を起こさせるには、「権威」「信用」「実績」「メリット」を強調します。それによって不安を軽減することで、購買行動が起きやすくなります。

このように、コピーはプロセスごとに「消費者の心」に訴え、「消費者の心」を動かすことを考えて、チラシに入れていきます。では、次ページより集客効果を高めるコピーの事例を紹介していきましょう。

「コピー(コトバ)」で消費心理を誘導する

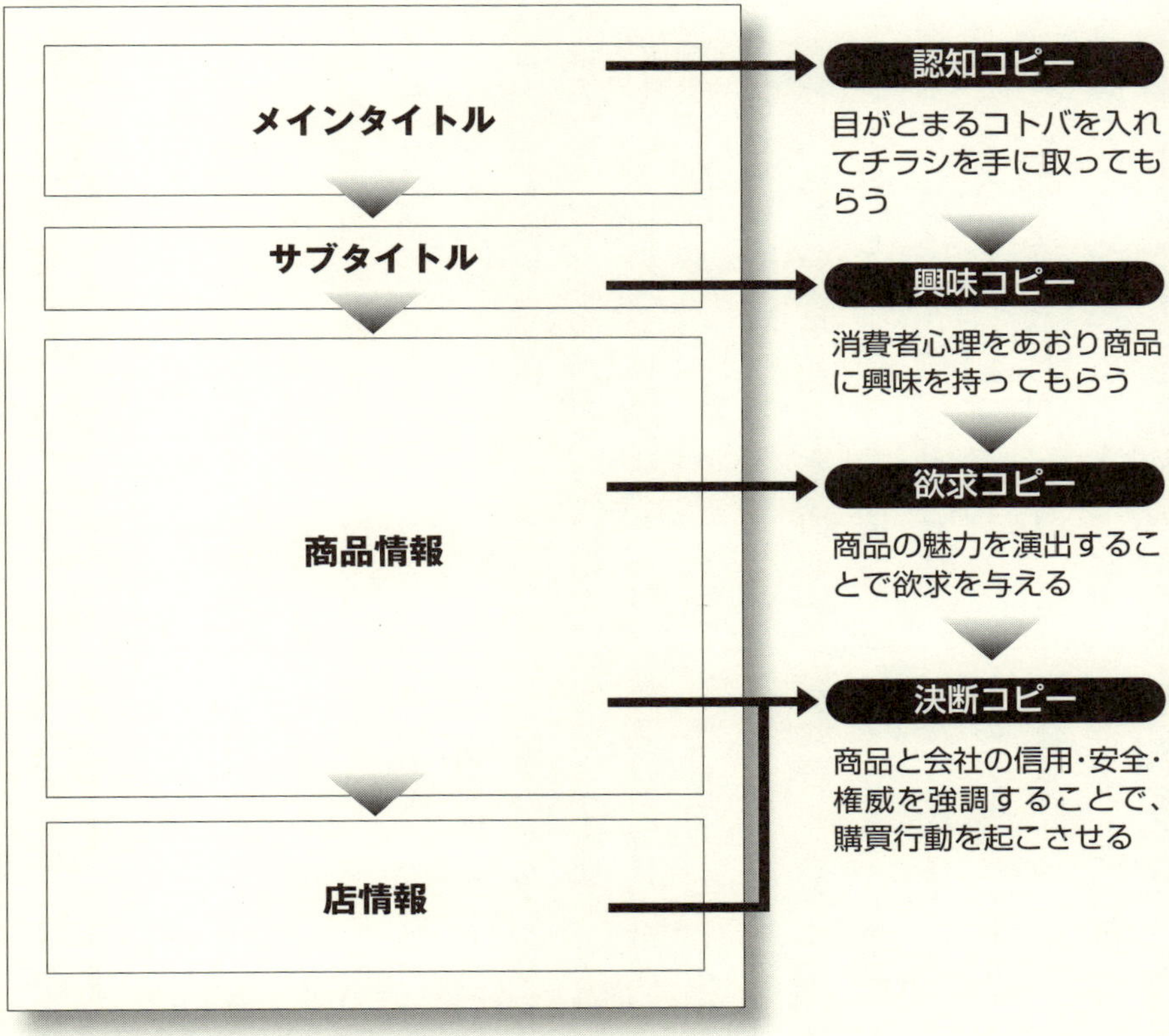
メインタイトル
サブタイトル
商品情報
店情報
認知コピー
目がとまるコトバを入れてチラシを手に取ってもらう
興味コピー
消費者心理をあおり商品に興味を持ってもらう
欲求コピー
商品の魅力を演出することで欲求を与える
決断コピー
商品と会社の信用・安全・権威を強調することで、購買行動を起こさせる

ここがポイント！

コトバで消費者の目線を誘導して商品を伝え、会社（店）を伝えるようにする

3-2

「興味を呼び込む」コトバの仕掛け

◎一瞬で注意喚起するタイトル・キャッチコピー

毎日、新聞にチラシが数十枚も折込みされているなかで、自社のチラシを手に取ってもらうのは容易ではありません。そこでチラシ企画の第一段階として、一瞬で自社のチラシに注意喚起するためのタイトル・キャッチコピーが不可欠になってきます。

業界大手やブランドがある店は、普通に「○○フェア」「○○市」「○○見学会」とチラシを折込めば、手に取ってもらえます。しかし、中小店の場合はなかなかそうはいかないので、仕掛けが必要です。

◎「注目性」のコトバの仕掛け

小さな工務店のO社は、新築の現場見学会を定期的に開催していたのですが、十数組しか来てもらえず、困っていました。商品力はあり、チラシの内容も他社と比べて遜色《そんしょく》ないのですが、集客は乏しかったのです。

そこで、キャッチコピーを検討し直して、「必見」という注目性のコトバが目立つように、「必見！　二世帯住宅・完成現場見学会」と入れたチラシを折込んだところ、2倍近い27組以上の来場がありました。

驚いたO社の社長が来場客に「なぜご来場いただいたのです?」と聞いたところ、「必見というコトバが、何かなコレって感じで、つい見に来てしまいました」というのが大半の意見だったようです。

◎「警告性」のコトバの仕掛け

中型のリサイクルショップを経営するR社は、商圏内で競合が激化し、大型店舗の進出もあって、中古品を持ち込むお客様が激減していました。

競合店のどこもが「お売りください」式のチラシになっています。そこでR社は考えました。警告性のコトバを強調し、「ちょっと待った！　損して売っていませんか?」とキャッチコピーを変えて、チラシを折込みしたのです。すると、その月の買取り額が前年対比で130%のアップになりました。

「注目性」のコトバ、「警告性」のコトバをチラシ・タイトルとして強調することにより、手に取ってもらえる確率が高くなり、集客アップにつながるのです。

「興味を呼び込む」コトバはコレだ！

注目性のコトバ

- 必見！
- 注目！
- 発見！
- ズバリ！
- ズバッ！
- 見てください
- ご覧ください

警告性のコトバ

- ちょっと待った！
- それ間違いです
- それ買うな
- ムダにするな
- 警告
- 緊急
- 注意

ここがポイント！

注意性のコトバ、警告性のコトバを強調することでチラシを手に取ってもらう

3-3

「情に訴える」コトバの仕掛け

◎「陽のパワー」のコトバの仕掛け

ラーメン店A社は、独立開業して初めてチラシを近所にポスティングしたり、駅前で手配りをしたにもかかわらず、集客不振で初月は赤字となりました。

店主は朝6時から仕込みをし、ラーメンをつくっていたのですが、食材が余って捨ててばかりの毎日でした。ただし儲かっていなくても、頑固に透き通るスープのラーメンを出し続けていました。

状況を打開するため店主は、自分の頑固なまでのこだわりとラーメンづくりにかける意気込みを前面に出したチラシに変え、改めて配ることにしました。

情熱を表す「熱血」というコトバを強調し、「熱血！ラーメン　頑固オヤジ！こだわりラーメン誕生」と、豪快な筆文字をタイトルにしました。さらに、ラーメンを前面に押し出すのではなく、店主の脂でテカテカした自信満々の顔を打ち出したのです。

店主の情熱感を伝え、ユーザーに「一度、行ってみようか」と思わせる効果を狙ったところ、集客が一気に倍増して2ヶ月目から黒字になりました。

◎「陰のパワー」のコトバの仕掛け

台風で浸水した釣具店B社は、商品が水をかぶり、正規商品として売れなくなった3000万円分の在庫がありました。店を立て直すには、新たに仕入れをしなくてはなりません。そこで急遽、仕入資金を捻出するためのセールを試みました。

同情性のコトバを強調して、「お願いします！　店を立て直すお金が足りません！　台風被害商品を買ってください！」というタイトルコピーのチラシを折込んだところ、その年は開店以来最高の売上を記録しました。正規価格の3分の1にディスカウントしたこともあって、被害商品を完売できました。仲間を連れて、「助けに来たぞ」と言って来店する固定客も多かったようです。

泥臭く自分をさらけ出し、「陽のパワー」の情熱性のコトバ、「陰のパワー」の同情性のコトバというように、「情」で引きつけると非常に集客力が高くなるのです。瞬間的に売上をつくりたい時に有効な手法です。

「情に訴える」コトバはコレだ！

「陰のパワー」のコトバ

お願いします

お助けください

ご協力ください

ご支援ください

今回だけ〜

もう１度だけ〜

○○○の決断

「陽のパワー」のコトバ

熱血の○○○

情熱の○○○

ど根性の○○○

魂の○○○

炎の○○○

一生懸命

頑張ります

ここがポイント！

情に訴えることで、チラシの中身に興味がわくようにする

3-4

「欲望をあおる」コトバの仕掛け

◎「魅力性」のコトバの仕掛け

チラシには、タイトル、商品、サービス、特典をより演出する「あおる」コトバの仕掛けが重要です。そのあおり、ユーザーの欲望を引き出すコトバとして、「魅力性」と「効果性」がポイントになってきます。

「あんバター」は、最近では当たり前になってきましたが、4年前に「あんバターのドラ焼き」を売り出そうと苦戦していた菓子店Aがありました。

あんにバターをブレンドしたと説明しても、お客様にはピンとこないようだったので、「奇跡」という魅力性のコトバを強調したサブタイトルをチラシにつけ加えることにしました。「奇跡の美味しさ発見」と入れたドラ焼きのチラシを折込みにしたところ、なんと前月の10倍も売れたのです。

「奇跡」というコトバで「一度試してみたい」という欲望を引き出そうという狙いが見事に当たりました。

このように魅力性のコトバは、メインタイトルを最大限に演出し、集客に導くのに有効な手段なのです。

◎「効果性」のコトバの仕掛け

ディスカウントするスーパーが増え、競合のなかで苦戦している中小スーパーS社がありました。値段勝負ではどうやっても勝てないということで、S社は「付加価値」勝負のチラシ展開を進めていきました。

主力商品である野菜・果物をチラシに載せる時、一つひとつに効果性のあるキャッチコピーを入れてチラシをつくってみました。りんごには「大腸ガン予防効果」、大豆には「脂肪燃焼効果」、グレープフルーツには「二日酔い防止効果」といったように入れてみたのです。

結果的に、これがユーザーの心に響いて客数も増え、買上げ点数も増えました。健康のために同じものを毎日食べたり、飲んだりするお客が増えたからのようです。

この「効果の訴求」チラシにより、食べる欲求に加え、健康になりたいという欲求ができたことが、集客・売上の数字を上げることにつながったのです。

このように効果性のコトバは、商品・サービスを最大限に演出し、集客に導くのに有効な手段なのです。

「欲望をあおる」コトバはコレだ！

「魅力性」のコトバ

奇跡の○○○

魅力の○○○

伝説の○○○

話題の○○○

最強の○○○

最高の○○○

秘密の○○○

「効果性」のコトバ

○○○効果

○○○対応

○○○の特効薬

○○○のメリット

○○○がうれしい

お値打ちな○○○

お得な○○○

ここがポイント！

魅力性のコトバ、効果性のコトバで欲求をあおり、商品の集客力を上げる

3-5

「不安をあおる」コトバの仕掛け

◎不安をあおられると誰かにすがりたくなる

高額な商品を買ったりサービスを受けたりする時、ユーザーは不安でいっぱいで、失敗したくないという心理が働きます。その時に少し不安をあおると、誰かにすがりたくなります。その心理をうまく使ったキャッチコピーにすると、集客に効力を発揮します。

悪徳リフォームが騒動になった時、ほとんどのリフォーム会社が苦戦しました。チラシを折込みしても、騒動が起こる前の2分の1の見込みしか取れなくなったりしたのですが、そんななかでH社は売上を伸ばしました。

H社はチラシに、「不安ですか？　リフォーム会社！」という不安をあおるタイトルとあわせて、「見積りは3社以上からお取りください」「お試し見積り無料！　お試し相談無料！」という不安をやわらげるサブタイトルを入れたのです。

タイトルで不安をあおって注目させておいて、サブタイトルで不安をやわらげることで、頼ってもらう仕掛けをコトバでつくり、不安でいっぱいのユーザーから多数のお試し見積り依頼を受けることに成功したのです。

◎「恐怖をあおる」コトバの仕掛け

人というものは、「やらなくては」と思っていることでも、「まあ大丈夫だろう」と先延ばしすることが多いものです。このような心理が働く商品というのは、「もしかしたら……」と感じている「恐れ」をあおらないと、集客することが難しくなります。

ホームセキュリティ・システムを売っているS社も、集客に苦戦していました。そこで、従来の「安全」「安心」を強調したチラシから180度転換し、「恐怖」を強調するようにしました。「怖い！　空き巣」「狙われている！あなたの家！」というように、コピーを入れて恐怖をあおるチラシにしたのです。すると、防犯についての相談の電話が殺到する状況になりました。

安全・信用を売る商品というのは、そのまま強調しても意外と集客につながりません。まずは購買マインドを刺激するために「恐れ」をあおり、興味を持たせることが集客力を高めることになるのです。

「不安をあおる」コトバはコレだ！

不安をあおるコトバ

- 不安の○○○
- 不信の○○○
- 失敗の○○○
- 大丈夫？
- 失敗しない○○○
- 後悔しない○○○
- 間違わない○○○

恐怖をあおるコトバ

- 恐怖の○○○
- 最悪の○○○
- 危険の○○○
- ダマされるな！
- 狙われている！
- 危ない
- 悪徳業者～

ここがポイント！

不安、恐怖をあおるコトバを使うことにより、購買マインドが上がってくる

3-6

「権威を刷り込む」コトバの仕掛け

信用できる会社には人が集まりますが、信用とは「権威」「実績」「評価」で成立します。これをチラシのサブタイトルに表現することで、確実な集客ができます。

◎「権威」のコトバの仕掛け

テレビ東京の人気番組「TVチャンピオン」で優勝したガーデンショップのG社があります。チラシのメインタイトルの上に、「TVチャンピオン優勝、○○がいる店」と入れるようにしたら、問い合わせが150％アップし、客単価も130％にアップしました。

このように「権威」を刷り込むキャッチコピーを入れることで、劇的に集客アップし客単価もアップするのです。テレビでお馴染みのコンテストにかぎらず、メーカー主催コンテストの受賞でも集客効果は現れます。

ものをつくる商売では、「権威を刷り込む」キャッチコピーは、非常に有効です。

◎「実績」のコトバの仕掛け

健康食品A社が、売れ筋商品に「リピート率78・3％の人気商品」と入れてチラシを折込みしたら新規客が1・2倍になりました。

最初は、切り上げて80％にしようと思っていたのですが、リアリティを出すために小数点まで表示する「78・3％」としたのです。それによって真実味がユーザーに伝わり、集客効果につながりました。

販売実績を数字で表してキャッチコピーにすると、権威が刷り込まれ、集客効果があります。

◎「評価」のコトバの仕掛け

カフェC店は、ある大学の近くにあります。当然、大学生の来店が多く、それをもっと伸ばそうと手配りチラシを企画しました。チラシタイトルを「○○大学の学生に評判のカフェ店」とし、来店する学生の料理等に対する感想を入れたチラシを駅前で配りました。すると、その大学の学生だけでなく、その大学に憧れている女子高生まで予想を大きく上回って集客できました。

このように、ブランドを利用して「○○の評判」というキャッチコピーを入れると、口コミも発生して集客効果が出てくるのです。

「権威を刷り込む」コトバはコレだ！

「権威」のコトバ

- ○○○優勝
- ○○○受賞
- 創業○○年
- 地元○○年
- ○代目親方
- 名物○○○
- 元祖○○○

「実績」のコトバ

- ○○○実績No.1
- 実績○○○件
- 人気ランキング１位
- リピート率○％
- 売れ筋No.1
- 業界１位
- 地域１番

「評価」のコトバ

- ○○○評判
- ○○○太鼓判
- 雑誌○○○紹介
- ○○○人気
- ○○○さんも使用
- ○○○も導入
- ○○○もビックリ

ここがポイント！

権威を刷り込むことにより、商品の価値が上がり、集客力がついてくる

「感謝を刷り込む」コトバの仕掛け

店とお客様との関係の深さがユーザーに伝わると、「どんな店なのか、一度行ってみたい」と思わせるという効果が生まれます。この心理を上手に使うと、口コミ集客に発展することもあります。

◎「ありがとう」のコトバの仕掛け

和菓子屋Tでは、新作商品を導入する際に必ずモニター会をやってから商品を販売します。そして、モニターに協力してくれた方に向けて、チラシのタイトルを「こんなに美味しくしてくれて、ありがとう」とし、感謝のメッセージを送ります。さらに、モニターの種々の意見も載せます。そのチラシを入れると、ヒット性が高い商品が出ると、来店客が平常の2倍以上になります。地域のお客様と一緒につくったになることもあります。そのチラシを入れるのことで、4倍深い関係を「ありがとう」というコトバで伝えることで、集客ができているのです。

食べ物の創作商品というのは、チラシ媒体で商品価値を伝えて集客するのは非常に困難です。したがって、顧客との関係の深さを伝える「ありがとう」メッセージが有効なのです。

◎「ねぎらい」のコトバの仕掛け

クイックマッサージ店で、「お父さん、いつもご家族のためにご苦労様。愛情を込めてモミモミします」というメッセージを入れ、「愛情クーポン券」をつけたチラシを作成しました。それを夕方のビジネス街で1日1000枚を1週間配り続けたら徐々にお客様が増え、2週間後には18~21時にかけて、ほぼ満席になるようになりました。

対象となる中高年ビジネスマンは、家族のため頑張っているのに、家族からの「ねぎらい」は少ないものです。たまにはねぎらってもらいたいという願望のあるお父さんたちが、「ねぎらい」メッセージに心を動かされ、店に引き寄られたのです。

人は、感謝されたり、ほめられたり、ねぎらわれたりすることを求めていて、それを言ってくれる人に愛情を感じ、その人に惹かれます。それを伝えるキャッチコピーが、口コミ集客に発展する重要なカギなのです。

「感謝を刷り込む」コトバはコレだ！

「ありがとう」のコトバ

- ありがとう
- 感謝
- 幸福の○○○
- 幸せの○○○
- 愛情の○○○
- うれしい
- 楽しい

「ねぎらい」のコトバ

- ご苦労様！
- お疲れ様！
- 頑張って
- よかったね
- おめでとう
- ○○○のご褒美に
- ○○○の記念日に

ここがポイント！

チラシに感謝の言葉を刷り込むことにより、会社や店に親近感を持ってもらえる

3-8

「限定を刷り込む」コトバの仕掛け

「限定品」というコトバに弱い人がたくさんいます。限定品を手に入れることで、征服感・贅沢感を感じることができるからです。

その心理をうまく使うと、集客商品をつくることができます。それを巧みにコトバで表すことがチラシづくりには必要で、不可欠な仕掛けになってきます。

◎「数量限定」のコトバの仕掛け

最近では酒類のディスカウントも当たり前になってきて、少々商品を安くしたくらいでは効果的な集客はできなくなっています。ところが、限定商品をチラシに入れると効果てきめんで、朝から行列ができたりします。

「鹿児島産、芋焼酎、魔王、限定30本」というように、プレミアがつくような人気商品を「限定○本」と入れると爆発的な集客ができるのです。

そこまでのプレミアム品でなくても、「店長が産地直接仕入、限定100本」とチラシに入れると、集客が30〜50％は変わってきます。

ただし、「魔王」のようなプレミアム品以外では、「店長が産地直接仕入〜」のような大義名分がないと、数量限定訴求は効果がありません。数量限定で集客する際、希少価値を伝えるコトバは効果測定の重要なポイントになってきます。

◎「地域限定」のコトバの仕掛け

ラーメン店のローカルチェーンが、地域限定商品をワンアイテムつくって「1日50食」と謳うオープンチラシを入れたら、初日から1週間にわたって満員御礼になりました。

「○○地域しか食べられない、○○店しか食べられない、地域限定オリジナルラーメン、1日50食」と、メッセージタイトルを入れたチラシです。手に入れられる場所を限定することで希少価値が上がり、名物商品化することで集客効果を上げることができたのです。

圧倒的な集客をしたい時は、商品の希少価値を上げるコトバの演出と限定訴求が、重要なポイントになってきます。特に小売業、飲食業ではこれをうまく使うと、相当な成果が生まれてきます。

「限定を刷り込む」コトバはコレだ！

「数量限定」のコトバ

限定○○本

最後○○本

特別○○本

厳選○○本

先着○○本

本日限り○○本

日本で○○本限定

「地域限定」のコトバ

○○地域限定

○○地域産

○○地域しか

○○名産

○○名物

○○直送

○○限定

ここがポイント！

限定を刷り込むことにより希少価値が上がり、商品集客力が上がる

3-9

「鮮度を訴求する」コトバの仕掛け

チラシは、常に鮮度がなければ消費者に見てもらえません。週あるいは月単位で鮮度を演出することが、安定的な集客につながってきます。そして鮮度に関しては、商品の掲載だけではなく、コトバの演出も重要なポイントになってきます。

◎「新鮮性」のコトバの仕掛け

生鮮、生菓子、製パンのような商品は、コトバで新鮮さを演出することで集客効果が生まれます。

例えば、チラシに載せるカツオのキャッチコピーに「新鮮！ 高知直送」と入れると、「新鮮」が消費者の目を引き、集客効果が出てきます。

パン屋さんでも、「焼き立てタイムバーゲン」と入れると、「焼き立て」が消費者の目を引き、その時間になったら通常の2倍以上の集客が発生します。

産地直送が決して物珍しくはない時代にはなっていますが、消費者には新鮮なものを食べたいという根強い欲求があります。それを表すコトバは無意識で見させる効果があるのです。

◎「話題性」のコトバの仕掛け

和菓子屋さんでは、3月になると「旬」を強調して「旬いちご大福」「旬さくら餅」といったように月替わりにクーポン券チラシを折込みしているところが結構あります。チラシに載った商品は、必ずといってよいほど月ナンバーワンの売れ個数になります。「旬」というのは、「試しに食べてみたい」という消費者の心をくすぐる効果があり、目を引くコトバなのです。

ある和菓子屋さんでは、新商品を出す際に「噂の○○」と入れて、チラシに商品リリースします。それも同じ効果で商品集客ができています。

話題性のコトバを入れることで、消費者の「少し試してみようか」という心をくすぐることができるのです。その効果が、商品集客アップにつながります。

このように「新鮮性」「話題性」のコトバを巧みに使いこなすことにより、商品を「輝かす」ことができます。それにより消費者の目にとまり、集客効果も生まれてくるのです。

「鮮度を訴求する」コトバはコレだ！

「新鮮性」のコトバ

- 新鮮○○○
- 直送○○○
- 厳選○○○
- 本日入荷
- 本日発売
- 新発売
- 新商品

「話題性」のコトバ

- 話題の○○○
- 噂の○○○
- クチコミの○○○
- 大流行の○○○
- 大人気の○○○
- 人気上昇の○○○
- 問い合せ殺到

ここがポイント！

新鮮性のコトバ、話題性のコトバを加えることで商品集客力が向上する

3-10
「特別感を訴求する」コトバの仕掛け

人は自分だけ特別扱いされるとうれしいものです。その心理をうまく使うと、絶大な集客効果が生まれます。

◎「えこひいき」のコトバの仕掛け

「○○様だけ、えこひいき」と入れると、不思議なくらい集客ができます。あまり連発すると効果は薄れますが、半年に1回くらいであれば効果絶大のコトバの仕掛けです。これは、もう10年前から続いている傾向です。

ある飲食店チェーンでは新規オープンあたって、近隣の支持率アップのために、戸別ポスティングを1000件から2000件します。ある時、「○○町の皆様だけに、えこひいきさせていただきます」というタイトルで食事クーポン券付きのチラシを作成しました。

その結果、近隣からのお客様が予想を上回って1・4倍以上の来店があり、クーポン券の利用率が70％以上と高率を占めました。

消費者の声を聞くと、「『えこひいき』と書かれていたので、クーポン券に希少価値を感じた。だから、使いに来店してみた」という感想が多数ありました。これが「えこひいき」というコトバの魔力なのです。

◎「ヒミツ（秘密）」のコトバの仕掛け

バッグ・アクセサリー店で当たったチラシ企画に、「ご主人には、ヒミツ！」があります。バッグやアクセサリーは、主婦にとって贅沢品です。それを買うためにヘソクリをし、ご主人に内緒で買っている人も多いようです。この好奇心と、自分だけという優越感をあおるには「ヒミツ」というコトバが有効的なのです。

また、釣具店では「奥様にヒミツ」というタイトルの封書によるチラシもヒットしたことがあります。

「えこひいき」「ヒミツ（秘密）」というコトバは、人の優越感をあおることで絶大な集客効果を生むことができます。このコトバは、特別なセール、イベントの時での使用をお勧めします。

それには、普段のチラシには目玉商品の全部に価格を入れているのですが、ところどころに価格を入れず「ヒ・ミ・ツ」としました。これにより期待感が増し、集客効果は絶大でした。

「特別感を訴求する」コトバはコレだ！

「えこひいき」のコトバ

- えこひいき
- 特別に
- あなただけ
- 選ばれたあなたに
- 上得意様だけに
- V.I.P○○○

「ヒミツ（秘密）」のコトバ

- ヒ・ミ・ツで
- 極秘に～
- 内緒で～
- こっそり～
- ○○○に知られたくない
- ○○○に言わないで

ここがポイント！

特別の訴求のコトバを入れることで好奇心、優越感、期待感がわいてくる

4章

売れるコンセプトの法則

4-1

「価値観」を売るマーケティングが主流になる

◎商品ではなく価値観で集客する

今までのチラシによる集客パターンは、商品集客力によるものがほとんどでした。それが、最近では「価値観」で集客して、「価値観のある商品」を売る手法が成果を上げるようになってきています。

代表的な例でいうと、アパレルのセレクトショップがあげられます。ただ洋服だけを売るのではなく、店主の価値観に合ったものであれば、アクセサリーやブーツを売ったり、服とは直接関係のない文房具まで売っています。消費者からは、商品の価値ではなく、「自分の価値観に合った商品がたくさんある」ということで支持されています。

◎価値観の捉え方のパターン

消費者の「価値観」には、いろいろな捉え方がありま す。それを整理すると、次の5つに分けられます。

・ライフスタイル（例：ロハス、セレブ）
・ブランド（例：ハーレー、ビームス）
・デザイン（例：モダン、カントリー）
・カルチャー（例：チョイ悪系、アキバ系）
・コミュニティ（例：健康、環境）
・カラー（例：イエロー、ピンク、オレンジ）

自分の会社はどの価値観を重視する消費者に商品・サービスを売るのかを決める必要があります。例えば住宅会社ならば、「ロハスの住宅」を売る会社、「モダンデザインの住宅」を売る会社といったように明確に打ち出すことで、その価値観が好きな人が集まるようになります。

このように価値観を売ると、地域ブランドになりやすく、口コミや紹介が増大します。特に、同じ価値観で商売している異業種からの紹介が多くなってきます。

価値観を中心にしたマーケティングをすると、値引き商法をする必要がなくなります。消費者にとって、値引きは自分の価値観を下げることになるからです。

成熟した業界では今後、「商品の価値」を売るのではなく、「価値観」を売るマーケティングが主流になってきます。それに乗り遅れてしまうと、消費者に支持されなくなってしまいます。

+価値観

4-2

「生活スタイル」を共感させる集客チラシ

◎生活スタイルを意識して商品を選ぶ時代

最近、TVや雑誌などで、さまざまな「生活スタイル」が取り上げられ、「セレブ」「ロハス」「スローライフ」といった言葉が普及しています。そして、それらに合った商品が紹介されると、ヒット商品になることも少なくありません。このような現象から、消費者はただ商品を買うのでなく、自分の生活スタイルを意識して商品を選ぶようになってきていることがわかります。

北海道の住宅会社Y社は、健康と環境を意識した暮らしである「ロハス」をテーマにした商品開発をし、それを前面に出したチラシの折込みをしたら、従来商品の3倍以上の集客をすることができました。

◎集客のための3つの仕掛け

Y社は集客のため、3つの仕掛けをしています。

1つ目の仕掛けは商品名です。生活スタイルの「ロハス」をそのまま冠にした「ロハスの家」というコトバにより、消費者に強い印象を与えることができました。わかりやすいネーミングで、この生活スタイルに興味がある消費者にチラシを見てもらう確率を上げています。

2つ目の仕掛けは、商品のスペック（価値）を伝えるのではなく、商品コンセプトである「健康と環境を意識した暮らし」を、チラシで伝えていることです。健康については、工業製品をなるべく使わず天然素材を使うことで、住環境の空気をきれいにすることを伝えています。そして、環境については、オール電化、断熱の効果により生活エネルギーの軽減を伝えています。これらの効果により、「この住宅を見てみたい」という欲求を、ロハスに共感している消費者に与えられます。

3つ目の仕掛けは、ロハスを意識した人たちがほしがる「ロハス商品」を来場プレゼントにしていることです。高額品の集客の場合、売る商品に関連する小物を来場プレゼントにすると、確実に集客のあと押しになります。

業界や商品が成熟してくると、商品の価値だけでは集客することが困難になります。そうなった時、消費者の「生活スタイル」に合わせた店（会社）なりの商品を提供することで、集客効果を上げられるのです。

創業65年、1000棟以上の住宅を建築してきたヤマチホームテックが送る新しいライフスタイル提案
いよいよ誕生！
ロハスの家。
自然素材に包まれたロハスの家
hibiki
が、手稲山口にオープンします！
ロハスの家「hibiki」は、
こんなことを思っている人に
見て欲しいのです。
やっぱりこれからの時代、健康を考えた住宅がいい。
自然素材を使っている住宅って高いんでしょ？
ビビッとくる家に出会っていない。
色んなチラシがあるけど、どのモデルハウス見に行こうかな。
モデルハウスってしつこく営業されるんじゃない？
来場者プレゼント
先着50名様
ロハス建材カタログ
洗たくせっけん
きょう土・あす日
手稲山口にモデルハウス
OPEN!
Yamachi Home Tech

消費者の求めている生活スタイルを打ち出すことで、チラシに注目してもらえる

健康と環境に
こだわった家は
ココが違うのです。
ヨーロッパやアメリカではストイックなエコではなく、
心地よい暮らしを楽しむロハス思想が
主流になってきています。
そんなロハスの思想を住宅に取りいれた、
今までにない家「hibiki」が完成しました。
世界中から健康と環境に配慮した部材を集め、
自然の素材感、肌触り、色合い、
そしてライフスタイルにこだわった家をご覧ください。
LIVING ROOM
エコロジー天井壁紙
断熱性に優れた
ロハスなウインドウ
自然塗装のドア
パイン材のフローリング
100％天然素材の塗り壁
ロハスライフは「水」にもこだわりがあります。
外観部材は長期間メンテナンスが不要！ これもロハス。
健康で安全な水をつくる
「アクアグリーン浄水器」
超節水eco6トイレ
ひび割れず、いつまでも美しい塗り壁
シンプルなデザインの
洗面化粧台
無垢材の
オリジナルキッチン
PLANING
JAPANESE ROOM
LIVING DINING
KITCHEN
CLOSET
MASTER BED ROOM
BED ROOM
HALL
1,588万円
ロハスの家「hibiki」とは？
ヤマチホームテックが考えるロハスの家
デザイン
hibiki
健康
環境
Yamachi Home Tech
㈱ヤマチホームテック
〒063-0802 札幌市西区二十四軒2-7
www.yamachihome.co.jp

商品価値ではなく、ロハス（生活スタイル）へのこだわりを伝えることで「見てみたい」という欲求を与える

4-3

「カルチャー」を共感させる集客チラシ

◎中・上層のお客様に有効な文化的満足からの訴求

商品は、そのものの機能や見栄えだけで売れるのではありません。それを使ったら「どのような生活文化が満たされるか」というのも、昨今の商品を売る重要なポイントになってきています。特に住関連で中・上の客層に売る際には、不可欠になってきています。

次ページのチラシは、輸入住宅の大手であるインターデコハウスの例です。「文化」を訴求することにより、圧倒的に集客しています。モデルハウスのオープン時には、100名以上を集めることもある盛況ぶりのようです。

◎文化のイメージ訴求

チラシで売り出している商品は、南仏プロバンス地方の住文化をモデルにした家です。チラシでは、商品の価値のメリットを伝えるのではなく、その家に住めばどのような「住文化」が得られるのかを演出しています。

チラシに載せている写真も、ただ住宅の写真を大きく載せるのではなく、その地方の住文化に合わせた家具、インテリア、雑貨をあしらった演出をしています。日本にはない非日常的イメージをうまく出しています。

◎文化のステイタス訴求

しかもイメージだけで伝えるのではなく、文化を知ってもらうこともポイントになってきます。そこでチラシの裏面には、プロバンス文化の経験者や専門家のメッセージを載せています。

それは、素敵な街並み、素敵な生活文化、それを愛する文化人等を紹介したメッセージになっています。これを読んだ消費者は、「こんな家で生活してみたい」という憧れを抱くようになります。そうなると、「一度見てみたい」と、モデルハウスに足を運ぶことになります。イメージだけでなく文化のステイタスを伝えることにより、さらに集客効果を上げることができるわけです。

商品を売るというよりも、「文化（カルチャー）」を伝えるというスタンスによって、消費者に「憧れ」を与えることができます。それにより消費者の欲求を湧かせ、集客することが可能になるのです。

商品、価格で集客するのでなく、「住文化」共感で集客する

EUROPE DESIGN
La PROVENCE
INTER DÉCO HAUS
自分の感性にあう家を探していたあなたへ。
今までの家づくりに満足できなかったら必見!!
現地モデルハウスで、いままでにない、外観や間取り、ディティールへのこだわりをお確かめください!
インターデコハウスのこだわり南仏住宅ラ・プロヴァンス
モデルハウスオープン
PRESENT❶
カラーペンシル
無料プレゼント!!
PRESENT❷
「フロムワシントン」
・3人掛ソファ
・カクテルテーブル
プレゼント!!
詳しくはホームページへ
www.idh.co.jp
www.johnsonhome.co.jp

プロヴァンスは、世界中で人気の地域なんです。

「塗り壁のアーチやくりぬいた壁の演出が素敵。」

「アイアンやアンティークビームの使い方が素晴らしい!」

「シンプルな外観でもデザイン性があると感じました。」

La Provence
実際にモデルハウスをご覧いただいた方々の感想です。

日本の暮らしはここまできたのか。

「かわいい、おしゃれ、飾り方がいいね!!」

「こんな家見るの初めて このままレストランにしてもいいくらい。」

「質感がすごくいい 外国映画に出てくる家みたい!!」

自然とともに時間が刻まれる生活。

INTER DÉCO HAUS

日本の暮らしはここまできたのか。
この家は、ヨーロッパの伝統的田舎住宅の非日常的要素が、現代の求められる「お洒落」「格好よさ」という感覚と一体になった住居に感じられる。もはや一時代前の若者が、海外のテレビや映画で見聞した住宅が、もう、実生活に取り入れられる時代なのだ。輸入住宅のノウハウは日本の暮らしをここまで変えてきたのである。
谷山 翔二さん
東海大学 芸術工学部
くらしデザイン学科 教授
「こんな家
このままレス

プロバンス文化を経験している権威ある人の経験談を入れると共感度が増してくる

実際の住文化、街並みを伝えることで共感度が増してくる

「質感がすごくいい 外国映画に出てくる家みたい!!」

自然とともに時間が刻まれる生活。

セザンヌやピカソ、そしてゴッホなど数多くの芸術家が愛した南仏プロヴァンス地方。

古代ローマの遺跡とともに歴史と文化を大切にするこの地方は、フランス人にとっても憧れの地。

インターデコハウスの「ラ・プロヴァンス」は、外観からインテリアまで、プロヴァンス地方の伝統と文化にこだわった素敵な家を、みなさまにご提供してくれるでしょう。

永野 善広さん 札幌日仏協会理事
INTER DÉCO HAUS

4-4

「スペック発想」から「デザイン発想」への転換

◎スペックがよくてもデザインが悪ければ売れない

商品は、今まではスペック重視で売られてきましたが、近年になってデザイン重視の売れ方に変わってきています。いくらスペック（材質、機能）がよくてもデザインが悪ければ売れないのが常識になりつつあります。その現象は、特に住市場や衣市場にはっきり現れています。

新築の住宅販売は、工法・材料・設備で価値を伝える「スペック重視のチラシ」がまだ主流ではありますが、「デザイン重視のチラシ」に変えることによって2ケタ成長している会社が増えてきました。

石川県の住宅会社さくらは、地域でどこよりもデザイン重視のローコスト住宅販売を手掛けて、年商20億円企業に躍進しています。

◎デザインの品揃え

S社は団塊ジュニア向けに、シンプル、シンフォニー、パートナー、エレガンス、モダン、ノーブル、プロバンス、新和風、フローラの9つのデザインテイストと、42パターンのデザインプランの商品化をしています。チラシでは、工法・設備・材料を紙面の5％くらいに抑え、42パターンのプランを載せて、ユーザーにデザインの豊富さを伝えています。それにより、自分の好みに応じてデザインを選べるということで、好評を得ています。

◎デザインの売れ筋

さくらのチラシは、ただデザイン数だけで集客しているのではありません。デザインのテイスト別に実績データを集計し、常に売れるデザインを更新しています。そして、実績のあるデザイン、伸びているデザインをチラシの表面にクローズアップして、消費者の目を引くようにしています。

いくらデザインが大事でも、消費者が求めるものでなくては意味がありません。求められるデザインをつくることが集客につながるのです。

消費者は、マイホームを買う場合も、「カッコイイ」「カワイイ」で商品を選ぶ時代になってきています。今までのように、価値・価格で集客するだけでなく、「デザイン」で集客することを考えるのも重要になってきてます。

商品の品揃えを伝えるのではなく、デザインの選択の多さを伝えることで集客効果を上げる

4-5

「スペック発想」から「カラー発想」への転換

◎消費者はカラーによって商品を選ぶ

前項では、スペックが一緒でも、デザインのレパートリーを伝えることで集客している住宅会社のチラシを紹介しました。これを小売業に当てはめる方法があります。それは「カラーデザイン」です。特に車や衣料、家具、インテリア、園芸等を扱う専門店では、「色」がマーケティングに必須であることは間違いありません。消費者はカラーによって商品を選ぶ時代になっています。

次ページは園芸店のT社のチラシです。同社はまさに「カラー」で集客を伸ばしています。小さな園芸店なので、全体の品揃えで勝負すれば大型店に負けてしまいます。そこで単品を絞り込み、「カラー」の豊富さを訴えることで、売上を伸ばし続けているのです。

◎カラーの品揃え訴求

ほとんどの店が、チラシにたくさんの種類の商品を入れたいため、「カラー」まで気を使っていません。売場に行けばカラーは揃っているのに、チラシではそれが伝えられていません。まわりの競合店にそのような現象が起きているのであれば、大チャンスです。

自社のチラシに10カラー以上入れれば、その単品は地域一番の数量を売ることができます。「カラーを選びたい」というのは、消費者の潜在ニーズです。それを制することにより、集客で圧倒することができるのです。

◎カラーのこだわり訴求

カラーの豊富だけではなく、店側の「カラーへのこだわり」を訴えることで、さらに集客を上げることができます。

例えば黄色のパンジーでも、いろいろな黄色があります。薄い黄、濃い黄、黄黒、黄白と、消費者によって買いたいカラーは違います。多種多様に応えられる店であることが伝わると、客単価も伸びるという現象が出てきます。そして、口コミで広がる現象も発生します。

ユニクロのフリースも、トヨタの「ヴィッツ」も、カラーを制して成功しています。園芸店だけでなく、カラーを制することが、ビジネスで重要な時代になってきているのです。

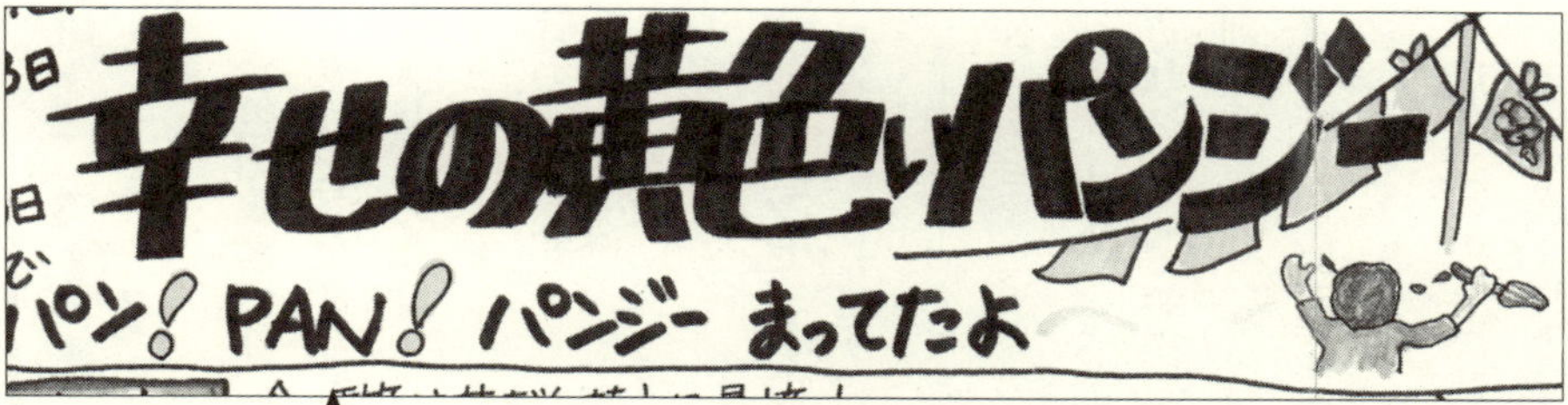

幸せの黄色ぃパンジー
パン! PAN! パンジー まってたよ

色のこだわりを伝えるタイトルにすることで共感を与える

花だんいっぱいの黄色ぃパンジーで、幸せもいっぱい!!
11月3日 〜 11月6日 まで
幸せの黄色ぃパンジー
パン! PAN! パンジー まってたよ
花 & エクステリア
[redacted]
花壇
は花だんにピッタリのパンジーがいっぱい!
黄色パンジー
人気No.1 クリアイエロー
1pot ¥98
花だんにピッタリの美しい黄色 定番・いちおしです!
テラノ.イエロー
黄色の目ありパンジーならコレ!! とってもかわいいパンジー
デルタ.プレミアムウィズブロッチ (大輪 目あり)
黄色の目ありパンジーの大輪咲き目をひく華やかさ
デルタ.プレミアムピュアレモン (大輪)
美しい黄色の大輪咲きパンジー
若奥様に人気です。
デルタ.プレミアム ピュアローズ (大輪)
黄色のパステルカラーでエレガンスなお庭に!
プランター
プランターにピッタリのパンジー ビオラ 大集合!!
プランターもやっぱり黄色
ゴールデンイエロー (大輪)
明るい黄色で大きく咲きます。
黄色は、クリアイエロー・イエローウィズブロッチもおススメです。
実は…パープルもプランターに人気です。
デルタ.プレミアム ネオンバイオレットブルーフェイス
アリルディープブルー
テラノ.マリアンナ
濃い紫が存在感あり
ちょっと休けい色 パンジーの色に迷ったら… ① 好きな色 ② 占いで ③ いろいろ植えちゃう
花ちゃんパンジー専用用土入りました。
12ℓ ¥680
パンジーの肥料 500g ¥260
オススメ 寄せうえ First Lesson!
かわいい新品種ビオラ うさぎのジャンプ
1pot ¥400
その他、寄せ植えにピッタリのアリッサム ナデシコ ジュリアンなど、いろいろそろえてお待ちしています。
ブルーパンジー
アリル.ツンブルー (青)
アリルクリアライトブルー (淡青)
ピンクパンジー
今年はピンクが人気
テラノ.ロザリン (大輪)
大きなピンクのパンジーでかわいい花だんを演出。
その他、ホワイト、オレンジ、レッドのパンジーもあるよ〜

花壇
今の季節は花だん植えに最適!
は花だんにピッタリのパンジーがいっぱい!
黄色パンジー
人気No.1 クリアイエロー
1pot ¥98
花だんにピッタリの美しい黄色 定番・いちおしです!
テラノ.イエロー
黄色の目ありパンジーならコレ!! とってもかわいいパンジー
デルタ.プレミアムウィズブロッチ (大輪 目あり)
黄色の目ありパンジーの大輪咲き目をひく華やかさ
デルタ.プレミアムピュアレモン (大輪)
美しい黄色の大輪咲きパンジー
若奥様に人気です。
デルタ.プレミアム ピュアローズ (大輪)
黄色のパステルカラーでエレガンスなお庭に!
STAFFより〜 パンジーの顔ひとつひとつちがうでしょ。目ありパンジーって呼んでます。

同じ98円でもいろいろな黄色があることを伝えることで「選ぶ楽しさ」をわかせ、集客効果が上がる

4-6

「コンセプト」の共感で集客するチラシ

◎女性の集客には「カルチャーの共感」を重視

女性を対象としている美容室、エステ、スパ等のビジネスは、ただサービスを訴求しても、チラシで集客することはできません。これらのようなビジネスは、店が発信するカルチャー（文化）が、消費者に共感されることに重点を置かなくてはなりません。それには、最低２つの要素を伝える演出が必要です。

◎対象コンセプトの演出

女性をターゲットにするビジネスの場合、「対象」を伝える演出として、モデル演出が欠かせません。次ページの美容室チラシのように30代の女性を対象とするなら、「素敵な大人の女性」を感じるカットモデルを使います。それによって30代女性の消費者が、「私が対象の店」と判断するようになるのです。女性を集客するのであれば、まず、「どんな女性に来てもらいたいのか」という対象をはっきりさせなくてはならないのです。

◎店コンセプトの演出

美容室のような業種では、サービスや料金は店ごとにそれほど変わるわけではありません。このようなビジネスの場合、店の伝えたいカルチャー（文化）を伝えることで、消費者に共感してもらう「店コンセプト」が重要です。次ページの美容室のチラシでは「和モダン」が店コンセプトになっています。その考えにそって、店舗イメージやお客様に提供したい髪型を載せています。

しかし、ただ「和モダン」と店コンセプトを載せても、消費者が共感することはありません。たった一つの言葉で理解するほどには、チラシの意図を読んでくれないのです。重要なのは、店コンセプトを訴求するのではなく、理解してもらうことなのです。つまり、「どんな思い」「どんな考え」で店を運営しているかというコンセプトの説明が大事なのです。それにより、やっと理解が生まれて、共感につながるのです。

女性ビジネスで集客するには、店がサービスを通じてカルチャー（文化）を伝えていかなくてはなりません。それには、「対象」を明確にして、「店コンセプト」を理解してもらい共感を得ることが不可欠なのです。

お客様の『こんなふうになりたい』のおかげで、"158"スタイルもの新しいヘアスタイルの提案につながりました。
ここには12スタイルしか載っていませんが、残り146スタイルも撮影してきました!
美容室102 3店舗共同
ありがとう
20周年
特別感謝企画
RECOMMEND STYLE
Cute
Elegant
Feminine
Cool
2007 Design
102 History
安心の Kids room完備
保育士さんがみてくれる！ 安心のキッズルーム
Pace,mitisにはKids room完備!

日本人が一番落ち着けるのは、やっぱり"和"だと思い、新和風をテーマにオープンしました。美容室って誰もが緊張しますよね。そんな心をリラックスして、キレイになって頂きたいと思い、Paceをオープンしました。キッズルームもあり、小さな子供さんを持つママたちもゆっくり、キレイになって頂けます。

店のコンセンプト、対象ターゲットの思いを伝えることで共感を得るようにしている。それによりサービス価値を上げる効果が出る

Elegant
エレガント
マニッシュ
ワンランク上の女性の美しさを発揮するキレイ系スタイル。オフィスでもプライベートでも生き生きとしたあなたを演出。
いらないものをそぎ落とし、あえて髪を遊ばせない、シンプルなスリークボブへ…
大きなカールを重ねて、女っぷりが格段に上がる立体Aラインシルエットへ…
2007 Design
2005
安心の
Kids room完備

大人になっていく過程とカットのトレンドを組み合わせることで対象ターゲットを引き込む

5章

お客様満足で売れる法則

5-1

「信用力」で支持されるチラシ集客術

◎不安を払拭《ふっしょく》して信用を得る

消費者は、商品・サービスを買う時にたくさんの不安を抱えています。商品・サービスの価値だけでなく、「品質」「対応」「保証」「評判」という視点からも、買う店、買う商品を選んでいます。チラシの集客効果を上げるには、このような不安を払拭して、信用を得ることも重要なことなのです。

◎「Q＆A」による不安解消

消費者は初めてのものを買う時、「商品の選び方」「業者の選び方」の基準がわからないという不安で、購買のはじめの一歩である情報収集ができないケースも少なくありません。このような消費者を動かすには、悩んでいそうなクエスチョン（Q）をチラシ紙面上でアンサー（A）すると利用しやすくなり、集客につながります。

◎「対応」による不安解消

大手の常識が業界の常識になっており、たいていはお客様の常識との間にギャップがあります。特にお客様は「対応の遅さ」「対応の頻度のなさ」に我慢しているという傾向があります。だとすれば、お客様から見て非常識なところを改善した対応を打ち出すことにより、消費者に支持され、集客効果を上げることができます。

◎「保証」による不安解消

消費者は、買ったあとに後悔したくないので、責任をとってくれそうな大手（ブランド）を選びたがります。消費者が中小という一点に最大の不安を感じているのであれば、「保証」をあいまいにせず、しっかり明示してどこよりも詳しく説明することで、不安を解消し、より集客アップにつながります。

◎「評判」による不安解消

よい評判はお客様の不安解消に大きな力を発揮します。実績で大手にはかないませんが、お客様との関係度は勝てるところです。その質の高い「評判」を載せることで、消費者に支持を受け、集客効果を上げることができます。

中小の会社は、大手に比べてハンデ（不安）があります。それを克服しなければ、集客アップすることはできないのです。詳しくは次ページより説明をしましょう。

不安解消
不安
商店

業界の非常識と戦う「正義の旗印」

◎業界の常識と戦う姿勢をチラシに表現

業界人として「常識」であることが、ユーザー（お客様）にとっては「不思議」なこと。そういうことがたくさんあります。

不思議なこととは、ユーザーの業界に対する不満を意味します。それを改善する企業姿勢、戦う姿勢を出すことにより、「正義の味方」的な存在と見られます。特に中小店が、これをチラシに表現すると効果的です。

リフォーム会社の例でいうと、ユーザーが見積りの依頼をしても、1週間くらい経ってやっと来てくれるというのが常識でした。それはあくまでも業界的な常識であり、ユーザーは「なんで早く来てくれないの？」と不思議に思い、不満を感じていました。

しかし、リフォーム会社のY社はその業界の常識を打ち破り、「お電話をいただいたら60分以内にお伺いします」と宣言し、それをチラシのタイトルに大きく載せて折込みをしてみました。すると、なんと前月の2倍以上の反響数があったのです。

◎大手にできない正義の旗印メッセージを見つける

もちろん、宣言どおりに必ず60分以内にお伺いするようにしました。すると、年商2億円の小さなリフォーム会社が、一気に1年で5億円を売るようになり、地域1番店に躍り出ました。そして、2年目には10億円も売る会社になったのです。

Y社に追随した競合他社のチラシが増えましたが、行動までは真似ることができないため、さらに評判を上げることになりました。3年ほどは「60分で来るY社」と、不動の一番でいることができました。

業界の不思議、業界の不満と戦う「正義の旗印」を持ったチラシは効果絶大です。特にライフサイクルでの導入期、成長期にある業界だと、「正義の旗印メッセージ」どおりのサービスを提供することができれば、一気にトップ企業に躍り出ることもできます。

大手企業にはできない、中小企業ならではの小まわりのきく「正義の旗印メッセージ」を見つければ、すごい集客力が生まれる可能性があります。

お電話を頂いたら
60分以内にお伺いします。
今すぐ
行きます
●●●リフォーム
0120-000-000
リフォーム店って
何ですぐ
来てくれ
ないのかしら
？
こんなリフォーム会社
探してたのよ！！

5-3

業界の非常識と戦う「サービスの訴求」

◎納入先アンケートをもとに新サービスづくり

ユーザー（お客様）の不満を改善し、それをオリジナルサービスとしてチラシを打ち出すことができれば、地域で支持される会社になります。

斜陽産業というイメージが強い畳店でも、「サービス力がある店」であれば、ユーザーに支持されることはできます。

例えば畳店S社では、畳を納品したお客様へアンケートを実施し、大きな不満から小さな不満までをしっかり収集しています。そして、お客様の不満を業界の非常識、店の非常識として受けとめて、新しいサービスづくりを実行してきました。現在では12大サービスにまでなっています。

・ご不満工事、即やり直し
・当日納品
・家具移動無料

などの12大サービスの内容を表面外枠に列記したチラシを出すようになってから、S社は一気に地域一番の畳店に躍り出ました。

◎価格競争の時代からサービス競争の時代へ

これらはすべて業界の常識を打ち破るサービスなので、すぐには他社も追随することができません。S社は圧倒的優位で商売できるようになりました。そして、競合が追随してきた時には、すでにそれらのサービスは市場では当たり前となっており、後発の他社が類似のチラシの折込みを開始してもまったく打撃は受けませんでした。

ユーザーは、不安に思ったり悩んでいることを徹底的に改善していく企業の姿勢を見ています。それにより「信用」を得ることができ、S社のように集客力がアップするのです。

もちろん商品価値も重要ですが、確実にサービス力を問われる時代になってきています。他社にない魅力的サービスを見つけ、それをチラシに載せることが、重要な集客企画のポイントになってきます。価格競争の時代から、サービス競争の時代へ移ったといっても過言ではありません。

関川はココがちがう！ 12大サービス ①当日納品 ②家具の移動無料お手伝い ③他店のたたみも喜んで ④ご不満工事即対応 ⑤価格は明朗表示
たたみ表替え 20880円～

ふすま貼替え 7920円～

障子はりかえ 5600円～

アミ戸貼替え 2180円～

壁紙（クロス） 24500円～

フローリング 59000円～

県南地域 ダントツ一番店 関川畳・内装店
茨城県で一番気軽に頼める畳屋さんを目指してます！

裏面も見てネ
気軽に頼んで欲しいから……

女性にやさしい！『奥様の味方』あらゆる不安を解消しよう！

秋限定の特典をご用意しました！

ズバリ！畳替えが面倒くさい理由ベスト5.

お支払いもお気軽に！クレジット各種取り揃え！

ボーナス一括払い、分割払いもOK！

ご注文は…地域ダントツ一番店!! (株)関川畳・内装店

ユーザーが不安に思っていること、やってほしいサービスをつくり、他社との差別化で収穫効果を上げる

関川なら全て解消します！
関川は地元のお客様にもっともっと気軽に畳替をして欲しい！という想いで様々なサービスを実施しています。価格も私たちが実現できる最大限の努力をしています。実際に注文頂いているお客様は同時にお部屋の掃除を行ない家をキレイにされています。朝引き取り夕方納品を徹底している関川だからこそその日は家の大掃除をする意味で当店にご注文頂く方が多いようです。
社長 関川
面倒な家具の移動は無料サービス!!
ソファー・テレビ・ベッド 仏壇 家具 どんなものでも喜んで対応します！
ハキハキ返事元気なあいさつ
お宅を汚さないように細心の心配り
納品時の拭き掃除も当方がします！
お客様への完了の報告ご確認は完ペキに!!
対応だけじゃなく技術もバッチリ!!

5-4

業界の非常識と戦う「保証制度」

◎後悔するリスクが回避できる店は利用されやすい

消費者は、購買したり、サービスを受けるなかでたくさんの失敗をしています。「安いから買ったはいいけれど、1ヶ月もしないうちに壊れた」「他社のほうが安かった」等々で、誰もが何かしら後悔しています。

したがって、「後悔するリスク」を回避できる店は、消費者として利用しやすいということになります。そのことをチラシで告知することにより、集客が上がってくるのです。

◎「品質保証」の訴求

業界にもよりますが、大半の店はクレームを恐れるあまり、それに快く対応していないのが現状です。しかし消費者は、自分が買った商品の故障・不具合を一定期間内は無償で修理してもらう「品質保証」を求めており、購買時にそれは重要な決定要素となります。

競合他社が、品質保証に消極的であるならば、チラシに「品質保証」を大きく告知することで、集客効果が出てきます。また、ただ告知するだけではなく、どのような無償修理の対応をしているかについて、詳しくチラシに載せることも忘れてはいけません。

◎「返品保証」の訴求

勢いで買ってしまって、家に帰って冷静になってから「失敗した」と感じるお客様も少なくありません。このような「買う時のリスク」を回避させることができれば、それは究極の「顧客満足」につながります。

買って気に入らなかったという理由で、売る側が返品・返金に応じる。そんなことをすれば大損するのではないかと考えがちですが、実際には、それを実施しても売上の3%くらいにおさまります。「返品・返金保証制度」を実施すれば、チラシの集客効果は1・3倍～1・5倍になりますから、損はしません。ただし、この保証は「自信のある商品」「自信のあるサービス」で対応しないと返品率が高くなるので、この点は注意が必要です。

今後、ますます「消費者の保護」が問われる時代になってきます。「保証制度」の打ち出しが、集客するうえでの必須条件と言ってもいいでしょう。

他店のほうが
安かった・・・
もう壊れたよ!!
うちなら
そんな思いは
させません
保証制度

5-5

「店の選び方」「商品の選び方」の訴求

◎購買頻度の低い商品・サービスで勝ち組になる条件

消費者は初めての商品を買う時、「どんな基準で店を見つければいいのか」「どんな商品を選んだらいいのか」と不安でいっぱいです。それが解決しないかぎりは、店に商品説明を聞くこと自体、恐くてできないという人もいます。購買頻度の低い商品（冠婚葬祭、新築住宅・不動産、大型家具、仏壇等）には、そうしたユーザーがつきものと言っていいでしょう。

このようなユーザーを自社に引き込むことができれば、営業的に非常に優位になります。それを制することができれば、購買頻度の低い商品の業界で勝ち組になれることは間違いありません。

◎「相談相手になる」というスタンスでチラシを構成

住宅業界では、「家の選び方」の訴求をしているチラシが成果を上げています。

住宅を買うとなると、土地購入、資金計画、プランづくりと、初めて経験することばかりで不安がいっぱいです。それを解消するには、勉強して知識を仕入れていくことになります。それをサポートしてくれる会社があれば、ユーザーとしては非常にありがたい存在になります。

結果的に、そうしたニーズに応えられる会社は「住宅会社選びの本命」的な存在になれます。したがって、売り込むという姿勢よりも、「相談相手になる」というスタンスでチラシを構成することが重要なポイントになってきます。

次ページに掲げたのは、まさにそういうスタンスで開催している「資金計画相談会」のチラシです。

住宅ローンの金利、今後予想される増税等の知識を消費者に教えることで、「頼りになるお兄ちゃん」的な地位を獲得することを狙った内容になっています。その相談会に参加したユーザーは、かなり高い確率で成約したそうです。

会社や商品を売り込むことだけが、集客ではありません。消費者の不安を解消することで集客ができるのです。「選び方」の基準を示したり教えることも、チラシ集客の重要なポイントになってきています。

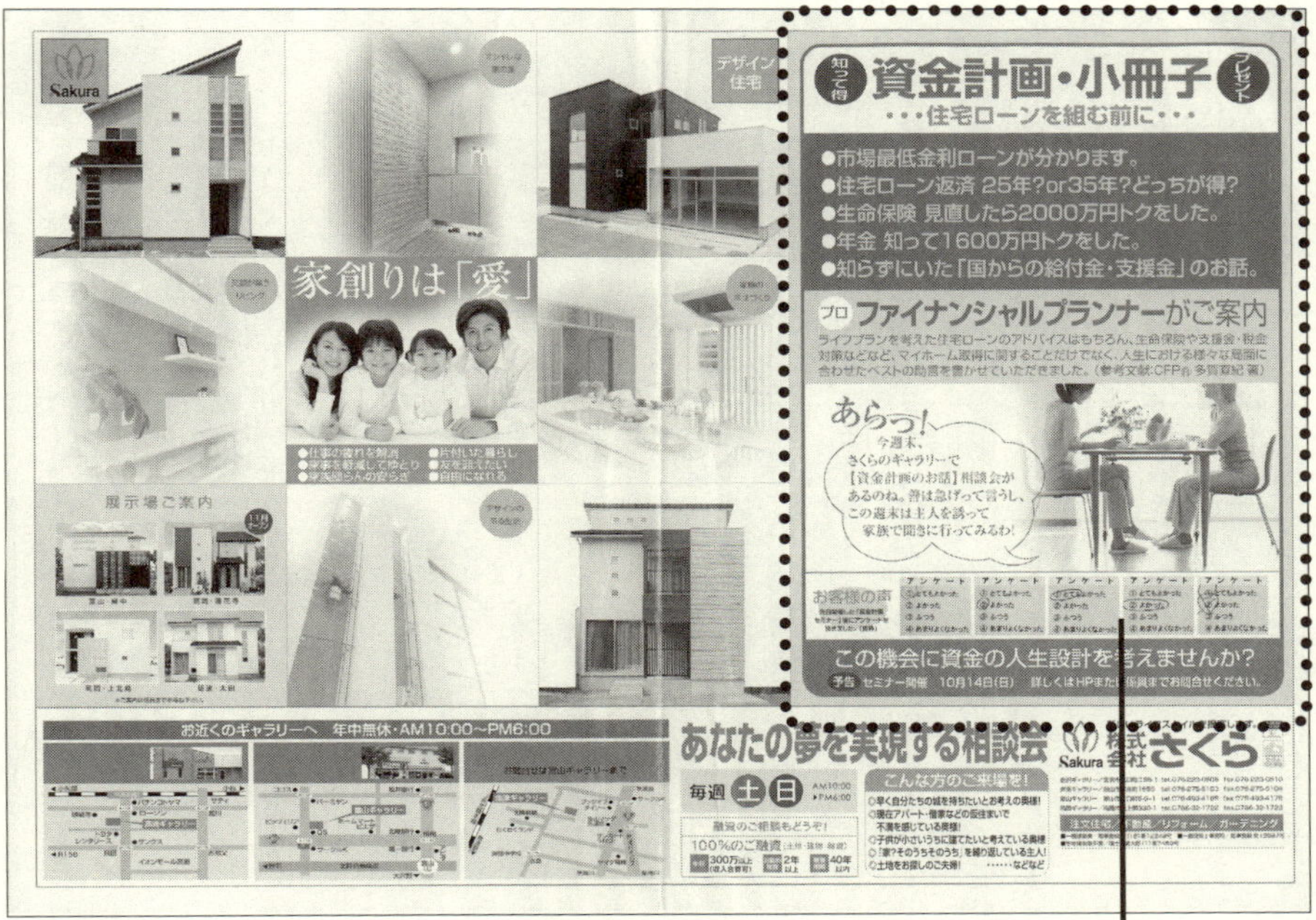
Sakura
デザイン住宅
家創りは「愛」
展示場ご案内
お近くのギャラリーへ　年中無休・AM10:00～PM6:00
あなたの夢を実現する相談会
毎週土日
こんな方のご来場を!
Sakura 株式会社さくら
注文住宅／リフォーム／ガーデニング

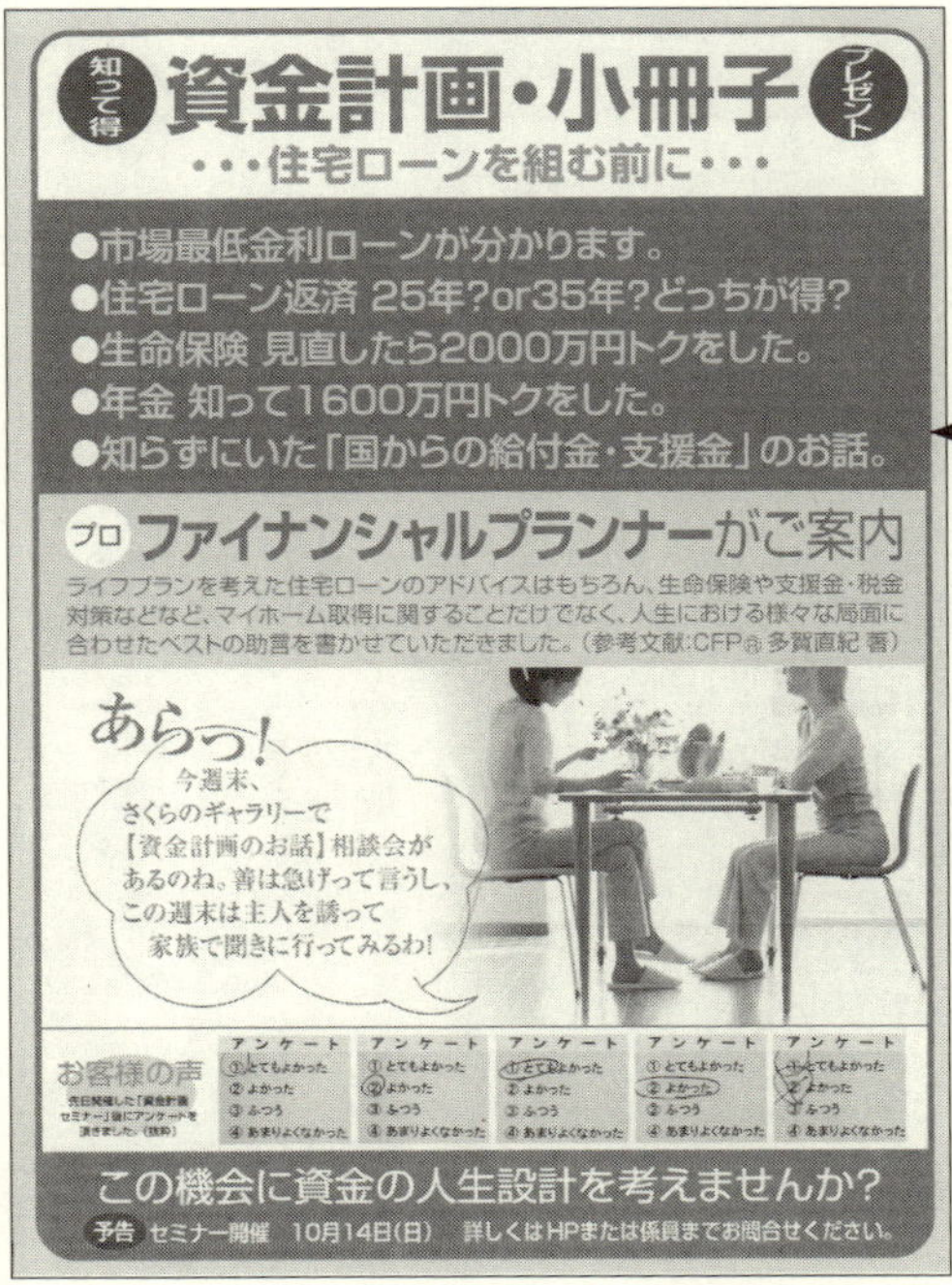
知って得
資金計画・小冊子
プレゼント
・・・住宅ローンを組む前に・・・
●市場最低金利ローンが分かります。
●住宅ローン返済 25年?or35年?どっちが得?
●生命保険 見直したら2000万円トクをした。
●年金 知って1600万円トクをした。
●知らずにいた「国からの給付金・支援金」のお話。
プロ ファイナンシャルプランナーがご案内
ライフプランを考えた住宅ローンのアドバイスはもちろん、生命保険や支援金・税金対策などなど、マイホーム取得に関することだけでなく、人生における様々な局面に合わせたベストの助言を書かせていただきました。(参考文献:CFP® 多賀直紀 著)
あらっ!
今週末、
さくらのギャラリーで
【資金計画のお話】相談会が
あるのね。善は急げって言うし、
この週末は主人を誘って
家族で聞きに行ってみるわ!
お客様の声
先日開催した「資金計画セミナー」後にアンケートを頂きました(抜粋)
アンケート
① とてもよかった
② よかった
③ ふつう
④ あまりよくなかった
この機会に資金の人生設計を考えませんか?
予告 セミナー開催　10月14日(日)　詳しくはHPまたは係員までお問合せください。

商品探しをする前、不安を抱える消費者の助けをすることにより、いわゆる「すれてない客」をつかまえることができる

5-6

「お客様の喜ぶ声」の信用で集客するチラシ

◎集客が頭打ち状態時のチラシに最適

名も知らない会社の初対面の営業マンが、積極的に商品を説明すればするほど、消費者はうさん臭く感じ、引いてしまうものです。チラシも同じことです。あまりにも「売り」を出しすぎると逆効果になるケースが多いようです。特にわかりづらい（詳しい説明を要する）商品では、売り込み色が強いチラシになってしまいます。

集客が頭打ちになっている場合、「お客様の喜ぶ声」「お客様の喜ぶ顔」を載せると効果的です。商品・サービスの価値を直接伝えるのではなく、消費者の声で身近に感じさせることにより集客効果が生まれます。

◎「喜ぶパワー」を演出するための4つのBEST

チラシに「お客様の喜ぶ声」「お客様の喜ぶ顔」を掲載して最大限に効果を出すポイントとして、以下の4つがあります。

①「お客様の喜ぶ声」は手書き直筆

パソコン文字だと、つくられたメッセージに見えて信憑性が薄くなるので、お客様の手書き直筆がBEST。

②「お客様の喜ぶ声」で使用体験を語る

使った時の感想メッセージを載せることで、消費者の興味が湧いてくるのでBEST。

③「お客様の喜ぶ顔」は大きな笑顔

生真面目な硬い表情の写真だと、つくられたものに見えるので、大きな笑顔がBEST。

④「お客様の喜ぶ顔」は家族の笑顔

1人で喜ぶ顔より、家族、夫婦で喜ぶ顔の写真のほうが、満足度を高く感じる効果があるのでBEST。

以上のようにチラシの紙面上で「喜ぶパワー」を強く演出することが、集客の成果につながります。

認知度の低い会社は、消費者との距離を縮めることが重要です。実績がないようであれば、モニターになってもらい、「使用の感想」を収集してチラシに載せても充分な成果が出ます。「へぇ～この商品、評判いいんだ」「こんなに喜ばれている会社なんだ」と、思われることで集客ができるのです。もちろん、それを実現するにはお客様満足度の高い会社を目指すことが重要です。

こんにちは、NCC株式会社の原田学です。昭和38年8月9日生まれの今年43歳。会社では社長として、またトイレ掃除担当として、明るく元気に毎日を過ごしている私です。父が創業した会社に、
安心して相談できる
リフォーム&増改築の店
代表の原田学です。
山ほど入ってくるチラシの中でこのチラシをお手にとって下さり有難うございます。
これからリフォームをと、お考えの方の参考になればと私の大切なお客様にご登場戴きました。
皆様とのご縁は、チラシを見て下さり、一本の電話をおかけ戴いたことから始まりました。
どうぞ、ごゆっくりご覧願います。
リフォームをプラスデコさんにお願いしたらおじいちゃんが孫のためにニコニコでカレーを作るようになったんですよ！
その理由は…
話をしながら楽しく料理してます！
友達をたくさん呼びたくなりました！
落ち着くんです！
思わず友達にも自慢したくなりました！
スイスイ歩けるようになりました！
キッチンリフォームの声
きれいになると気持ちいいね
家まるごと全面改装の声
こんなに変わるとはたまげました
食器洗い乾燥機使いこなしています
トイレリフォームの声
明るいトイレになって嬉しい！
浴室リフォームの声
ついつい長湯が増えました
屋根外壁塗装の声
納得のリフォームでした
浴槽が大きくなってくつろげるよ
まるで新築のような仕上がり！
建て替えよりダンゼンお得
増改築&全面改装
内装リフォーム
畳表替え
襖貼替え
小さな修理OK

写真でお客様との関係のよさを、メッセージで安心感を伝えることで集客力が加わる

5-7

「笑顔のお客様」で魅了して集客するチラシ

◎消費者の「諦め」の心理を解消する

「これを買うのは大変だ」「これを続けるのは難しいな」と思って、買いたいこと、やりたいことを諦めてしまう人も少なくありません。逆に言えば、そういう心理を解消することができれば、集客効果が生まれると言えます。

特にスクール、カルチャー、フィットネス等の「学ぶビジネス」では、生徒・会員数を増やすマーケティングが重要な点と言えます。ここでのポイントは、ユーザーの心理を「覚えよう」という気持ちから「楽しもう」という気持ちに切り替える仕掛けです。

次ページの緑ヶ丘テニスガーデンのチラシでは、「楽しさ」を演出することで、集客効果を上げています。

◎「楽しむ笑顔」で集客

このチラシでは、お客様の笑顔を見てもらうことで、満足度を感じてもらうようにしています。学んでいる真剣な顔より、楽しんでいる顔の写真を全面に載せています。会員さんのコメントも「楽しんでま〜す」「ストレス発散」「汗を流すのが気持ちいい」といったように、いかに楽しんでいるかを表現しています。

このチラシを見た人には、「他のスクールよりも断然楽しそうだな」と思ってもらえます。会員さんの「楽しむ笑顔」こそが、一番の集客の要素なのです。

◎「楽しむ仲間」で集客

このチラシのもう1つの特徴として「楽しむ仲間」があります。チラシを見れば、会員同士が仲よくしている写真を多用していることがわかると思います。会員さんのコメントにも「すっごい楽しいクラスだよ！」「テニスは仲間と一緒だから楽しい!!」等とたくさん紹介し、会員さん同士の仲がいいことが強調されています。

これにより、「ここへ入れば同じ趣味のお友達がつくれる」「私もたくさんお友達をつくりたい」という気持ちになり、入会する効果が出てくるのです。

チラシというのは、商品・サービスの訴求だけが集客要素ではないのです。店やスクールでお客様・会員様が「楽しむ姿」を見せることで、商品・サービスに魅力を感じてもらい、集客することもできるのです。

テニスで
汗を流す！
心と体が軽くなる！
★そして、仲間ができます★
テニススクール生徒募集中！

インドアコートは涼しいし、紫外線も気にならなくていいですね！

気合い入れてガンバルぞ～!!

キッズクラスも楽しいよ！

とっても楽しいクラスです！

私たち、みんなテニスを楽しんでま～～す！

すっごい楽しいクラスだよ！

500円でスクール体験しました!!

充実の90分レッスン！

お問い合せやご見学も大歓迎
あなたも体験してみませんか!!

スクール体験随時受付中！

500円（税込）でお好きなクラスを受講できます！あなたに合ったレッスンを選んで、テニスの楽しさを実感してください！

TEL.03-3307-2101
今なら先着100名様
3大特典
① レッスン料が1ヶ月分無料！ とってもお得！
② YONEX テニスシューズプレゼント！
③ 友達・カップルで入会するとお得！ 入会金割引
※何人で入会しても入会金は1人分の6,300円のみ（税込）
これなら安心！ 返金制度
コーチは熱心なプロコーチが揃っていますが、もし1回目のレッスンでお気に入らない場合には入会金・月会費を全額返金します。
忙しくても大丈夫！ ナイタークラス
部活や残業などで遅くなっても間に合います！ナイタークラスは毎日18：30から23：10までレッスン。※詳しくは裏をご覧ください。
夏の暑さや紫外線も大丈夫！冷暖房完備のインドアコート
★インドアコート2面 ★アウトドアコート5面
★ナイター夜9時40分からのクラスであります。
緑ヶ丘テニスガーデン
受付時間 9:00～23:00
〒181-0003 東京都三鷹市北野4-5-38
京王線 仙川駅から
無料送迎バス運行中
無料駐車場 45台完備
気持ちのいいアウトドアコート
http://www.midorigaoka.co.jp/
テニス会員随時募集中！

学ぶより、楽しさで集客。お客様の笑顔と楽しさが伝わるメッセージが魅力的にうつる

5-8

「販売実績」「施工実績」の証拠チラシ

◎実績がある会社に消費者は群がる

人というのは、実績のある人に憧れ、群がるものです。ビジネスでも、実績がある会社には消費者が群がります。この心理をうまく活用すると、集客効果を上げる仕掛けができます。

◎「数の実績証拠」の集客効果

メーカー等が、販売店向けに商品の販売コンテストを行って、実績を競わせたりすることがあります。全国単位になるとなかなか大変ですが、県・市レベルであればベスト5に入るのはそれほど難しくないと思います。それを勝ち取ると、メーカーより表彰状が贈られるのが一般的です。

たいていの場合、そういう表彰状は「たいしたことない」と考えて、捨てるか事務所の隅に放置しているかだと思います。しかし、それをチラシに載せると、確実に集客効果が出ます。実績を客観的に示す証拠になるので、消費者が評価し、信用してくれるのです。

また、表彰状だけでなく、業界新聞に載った販売実績の記事等も証拠として有効です。

◎「質の実績証拠」の集客効果

技術やデザインを売る場合、「質の実績」を伝えることが、消費者の評価につながります。特にオーダー性の高い商品を売る場合は、「質の実績」の評価が大きく集客を左右します。

ほとんどの会社は、お客様のためにつくった商品は、すぐに納品してしまいます。しかし、それをプロのカメラマンに撮影してもらって、作品としてチラシに掲載すると集客効果が出てきます。

例えばリフォーム会社でも、デザイン性のあるリフォーム現場の写真を集めて、半年に1回くらいの割合で作品展を行っているところがあります。それを開催すると、通常チラシに比べて客単価が1・5倍の客層を集客できると言います。

「質の実績証拠」をチラシに載せると、デザイン・技術が評価され、質の高い客層を呼び込むことができるのです。

コンテスト受賞実績を伝えることで店の権威をつくることができ、優良な客を集める効果がある

ただNO.1と入れるのではなく、根拠を伝える

数の実績の証拠的根拠を伝えることで信頼度が増してくる

5-9

「ランキング情報」で安心感の訴求

◎「みんなが買っているから」現象

前項では会社の販売実績を載せるとお客様に安心感を与え、購買促進になるということを説明しました。それをブレイクダウンして、商品レベルで「販売実績」を載せると、ストレートに集客効果が出てきます。

この場合、一番効果的なのは「ランキング情報」です。特に女性を対象にしているビジネスでは有効的な手段になります。例えばテレビや雑誌に、ある商品群のランキング情報が出ます。そうすると、上位ランキング入りしたアイテムは、短期的とはいえ、売れ個数が2～3倍になります。これを、「みんなが買っているから」現象と言います。

この現象は全国レベルですが、地域レベルや店レベルで表しても集客効果は出てきます。仙台市のペット専門店1番店であるJ店では「ランキング情報」チラシ（次ページ参照）で集客効果を上げています。

◎カテゴリーを絞る

ランキング情報を載せる場合は、店全体で実績をランキングするのではなく、客の購入単位である単品でくくらないと効果が出ません。

J店のチラシの「ミニチュアダックスフンド」のように限定することがポイントです。

◎テーマを絞る

単なる販売数量の「人気ランキング」だけではなく、テーマ別のランキングもポイントになってきます。J店のチラシでは「希少価値ランキング」を入れることで、高単価商品が売れるようにしています。

また、毎月同じ人気ランキングだけでは、飽きられてしまいます。月別にテーマの異なるランキングを入れることで、情報の鮮度感を保つことができて、安定集客を可能にすることができます。

「ランキング情報」チラシでは、「カテゴリーの選定」と「テーマの選定」が重要になってきます。そして、それをポイントにして情報発信することで、「みんなが買っているから」現象が発生し、集客効果が現れてくるのです。

商品の実績による安心感で「みんなが買っているから」現象を発生させることができる

6章

売れるイベント集客の法則

6-1

売り込まないで効果を上げるチラシ集客術

◎見たいお客には「売り込まない」チラシが有効

高額品を扱う店や見学会などの会場に来るお客様のほとんどは、「とりあえず今は見るだけ」「買えないけど見たい」と思っているお客様です。しかし、このお客様たちは、近い将来に買おうと考えて情報収集をしています。そして、何度も何度も「見学」「体感」「相談」をしているうちに、いつか購買に踏み切るようになります。

そういうお客様は、商品訴求・価格訴求するような「売り込み」タイプのチラシには見向きもしません。むしろ、気軽に来店できる「売り込まない」チラシに興味を示します。例えば「見学会」「相談会」「イベント」への参加を呼びかけるようなチラシが効果的なのです。

◎「見学会」集客

高額品は、気軽に商品を見たり体感したり相談したりする場であることを強調することで、情報収集のためにと「見たい」と思っているお客様が来場しやすくなります。

新築住宅や仏壇のような「一生に一度の高い買い物」であったり、素材・デザインにこだわりがあるような付加価値のある商品では、「見学会」の集客が有効です。

◎「相談会」集客

商品に形がない商売では「相談会」が有効的です。お客様が購買する時の「不安」「悩み」を解消する情報を提供する場であることを強調することで、来場しやすくなるからです。特にサービスを売るようなリフォーム、保険、学習塾などでは、「相談会」の案内で集客が見込めます。

◎「イベント」集客

「見学会」「相談会」で圧倒的に集客したい時には、「コミュニティ」をプラスしてイベントを開催するといいでしょう。「情報」や「場」だけで集客するのではなく、ゲーム、飲食、ミニ教室のような要素を入れ、「楽しみ」をプラスすることで、集客効果を格段にアップすることができます。そうすることにより、集客効果は1・5〜2倍を想定することができます。

次項より、「見学会」「相談会」「イベント」の事例をまじえて詳しく紹介していきましょう。

気軽に
入れるね
!!
見学会
イベント
相談会

6-2

「お祭り」演出でダントツ集客アップ

イベント集客を成功させるには「お祭り」要素が重要です。チラシに「にぎわい感」「わくわく感」「ライブ感」をうまく演出することが、集客効果を上げるポイントになってきます。

◎「にぎわい感」の演出

人は、「人だまり」ができると、次々と集まる習性があります。イベントを成功させるには、この人だまりを演出することで、集客効果を上げることができます。

チラシでその効果を出すには、「にぎわい感」のあるイベントマップを載せる必要があります。次ページのように、イベントマップのなかにたくさんの人（イラスト）を入れることによって、にぎわい感が生まれるので効果的です。

◎「わくわく感」の演出

お祭りイベントというのは、商品・会社を売り込むものですが、それだけを露骨に打ち出すと失敗します。来場してくれたお客様に楽しんでもらう、そういう発想で企画を立てないと、なかなか成功はおぼつかないものなのです。

売り込む前に、まず会場に来てもらうための「お楽しみ企画」が重要になってきます。家族で参加できるゲームや抽選会、お祭りや縁日に欠かせない「食べ物屋台」をたくさん出せば、来場者はわくわく気分で1～2時間、楽しめます。

◎「ライブ感」の演出

肝心の売りたい商品についても、ただ説明するのではなく、体感できる、商品ができるまでの工程を見せる、商品をオークションするなどして、やはり参加者に楽しんでもらうことがよい結果につながります。また、普段は見ることのない職人の技術をライブで見せ、ファンになってもらうことも商談では効果的です。

このように、「お祭りイベント」というのは、売るのではなく、「楽しませる」ことがきわめて重要です。チラシには、お祭りや縁日のように「わくわく感」「にぎわい感」をどれだけ出すことができるかが、成功のポイントなのです。

イベントマップでにぎわい感を演出すると気軽に行きやすくする効果がある

ただ商品を見せたり売ったりするのではなく、参加型ライブイベントを設けると売上に直結する

6-3

「ブランド」とのコラボレーションによる集客

◎中小では単独イベントよりコラボレーションが有効

歴史のある会社や実績のある会社は、「会社名」で信用と期待感で集客ができます。しかし、中小の店は「会社名」を大きく打ち出すほど、チラシの集客が鈍くなるような一面があります。

イベントを開催する際、もちろんイベントの企画力も重要ですが、中小の会社が主催する場合は、「ブランド」とのコラボレーションが重要になってきます。具体的には、単独でのイベントではなく、「ブランドのある会社」「ブランドのある人物」と組む、コラボレーションのスタイルにすることです。

◎「会社ブランド」コラボレーション

年商2億円のリフォーム会社H社では、住宅設備メーカーのブランドを最大限に利用して、イベント集客しています。あるときは折込みチラシ6万枚で、2日間で150組以上の集客になりました。

成功ポイントは、H社が黒子役に徹し、協賛メーカーである「TOTO」のブランドを前面に押し出したことです。このように、中小の会社がイベント集客する時には、「コバンザメ」になることが有効的な手段になるのです。

◎「人物ブランド」コラボレーション

小さなリフォーム会社W社は、人気テレビ番組「大改造!! 劇的ビフォーアフター」の出演で有名になった「たくみ」を呼ぶことにより集客効果を図りました。

目玉企画「たくみのトークショー」の時間になったら、一気に100名以上の来場がありました。そして、トークショーに触発された来場者が、見積り依頼に殺到する盛況ぶりでした。

「人物ブランド」でイベント集客する場合、別に全国区の有名人でなくてもいいのです。地域限定、ローカルの有名人であっても充分に効果は出ます。

中小の会社がイベント集客する場合、「ブランドのある会社」「ブランドのある人物」とうまくコラボレーションすることが必要です。これは、弱者戦略として必須のマーケティングといっても過言ではありません。

自社の力で集客するのではなく、力のあるブランドの会社（人）で集客する

6-4

「地域」とのコラボレーションによる集客

◎根強く残る地域意識をイベントに活かす

江戸時代の幕藩体制の名残というべきか、地域によっては「お国意識」が根強くあります（○○県というよりも○○藩の感覚）。それを上手に活用することにより集客効果を生む方法もあります。

イベントを実施する場合も、「地域名」を打ち出したり、地域の他の企業や地元住民を巻き込んで行うと、集客を最大限に上げることができます。愛媛県新居浜市のリフォーム会社Yは、これらの要素を取り入れて開催することで、通常イベントの2倍以上の集客をすることができました（次ページのチラシ参照）。

◎「地域名」を打ち出す

単に「市民リフォーム祭」とするより、「西条市民・新居浜市民リフォーム祭」のように市名を入れたほうが集客に力を発揮します。実際、Y社でも同じ企画内容で、市名を入れないでやった時は、30％も集客が減った例があります。

また、タイトルだけでなく、主催のところも会社名を出すのではなく、「市民リフォーム祭実行委員会」としたほうが、「地域イベント感」が出て効果的です。

◎「公共性」を打ち出す

イベントをする際、手間や費用のことを考えれば、できれば店舗や会社の土地でやりたいところですが、集客を最大限に上げたいのであれば、公共の施設を使うのがベストです。これにより「売り」のイメージを消す効果があり、消費者が気軽に来場してくれます。

◎「企業同士」の相乗効果

自社単独で行うのでなく、地域企業やメーカーにイベント出展してもらうことで、集客効果を上げられます。自社が売っている商品の消費者層とマッチし、商売敵にならない企業を集めることで、相乗効果が生まれます。出展してくれた企業を通じて、自社を知ってもらったり信用してもらえるのでビジネスがうまくいきます。

地域を打ち出し、地域を巻き込んだイベントにすることで「公共性」が出てきます。それにより、消費者が来場する障壁がなくなり、集客効果を上げられるのです。

地域名を打ち出したタイトルにすることで「地域意識」をわかせて集客する

公共施設という消費者に与える安心感を利用して集客する

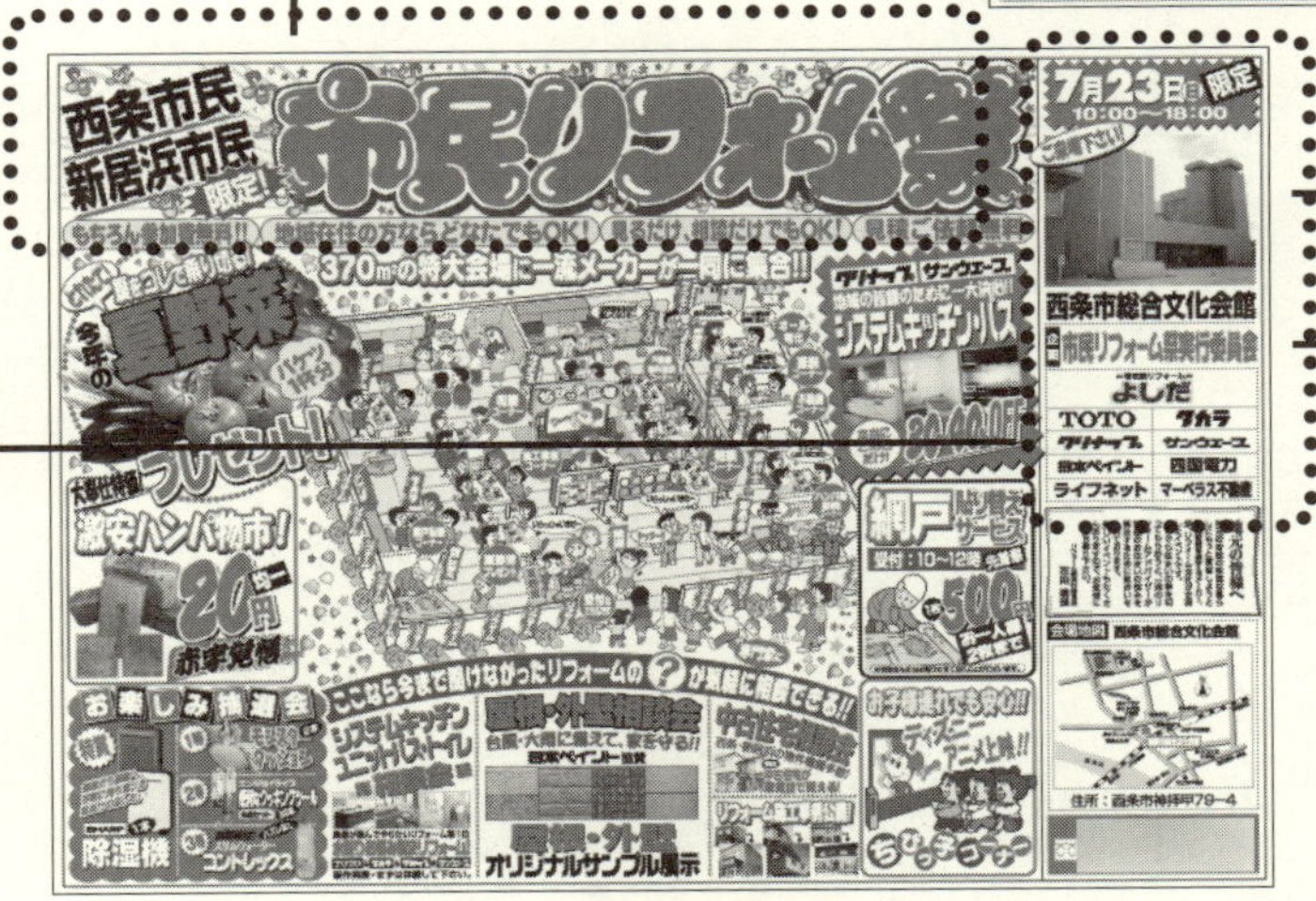

自社の会社名を打ち出すのではなく、「○○祭実行委員会」と入れることで公共性を伝える

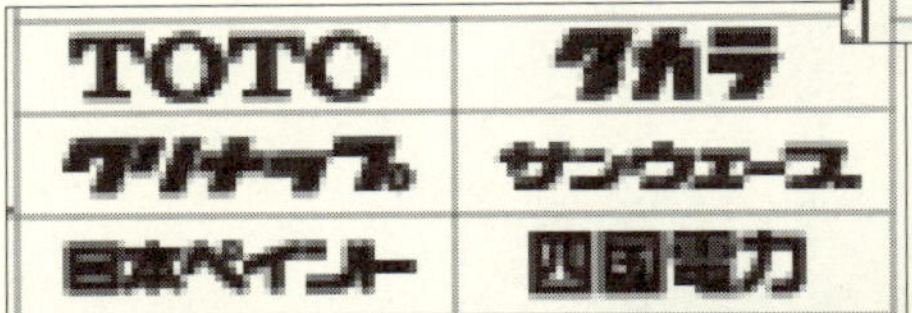

地域企業・メーカーを出展企業に入れることで、その力の相乗効果で集客力が加わる

6-5

「オープンイベント」でダントツ売上アップ

最も売上をつくれるイベントは「オープンイベント」です。通常イベントの2倍以上の効果があります。

次ページは、福島県のオノヤリフォーム倶楽部のオープンイベントのチラシです。このイベントにより、平常のイベントの3倍に相当する250組以上の来場があり、売上は4倍相当の1億円になりました。

◎「店舗力」と「イベント力」

このチラシの1つ目の特徴は、チラシ表面の紙面構成にあります。このチラシの表面は、2面構成になっています。左面はショールーム紹介、右面はイベント紹介です。

これには理由があります。左面は「今すぐのお客」向けで、ショールームのよさを知ってもらい、即売上をつくることを考えています。

右面は「そのうちのお客」「警戒しているお客」に、とりあえずショールームを認知してもらい、近い将来のリフォームの受注を考えています。

◎オープン力の演出

2つ目は、オープンのコピー訴求にあります。これには2つの仕掛けをして消費者に目を引かせています。

1つの仕掛けは、ご覧になってすぐわかるとおり、タイトルにあります。

左面のショールーム紹介で「オープン」、右面のイベント紹介で「オープン」——と、Wタイトルにすることによりインパクトを与えています。1つの「オープン」タイトルよりも、断然インパクト効果があります。

2つ目の仕掛けは、イベント紹介のタイトルにそれぞれ「OPEN」と入れています。それによって特別感が出て、イベントの集客パワーを上げることができます。

オープンイベントのチラシは、「オープン」「OPEN」のコピーの使い方で成果が変わるといっても過言ではありません。

オープンイベントは、店舗力・イベント力に加えて、オープン力を入れて、相乗効果を出すことが決め手です。その力を上手にコーディネートすれば、圧倒的な売上をつくれること、間違いなしです。

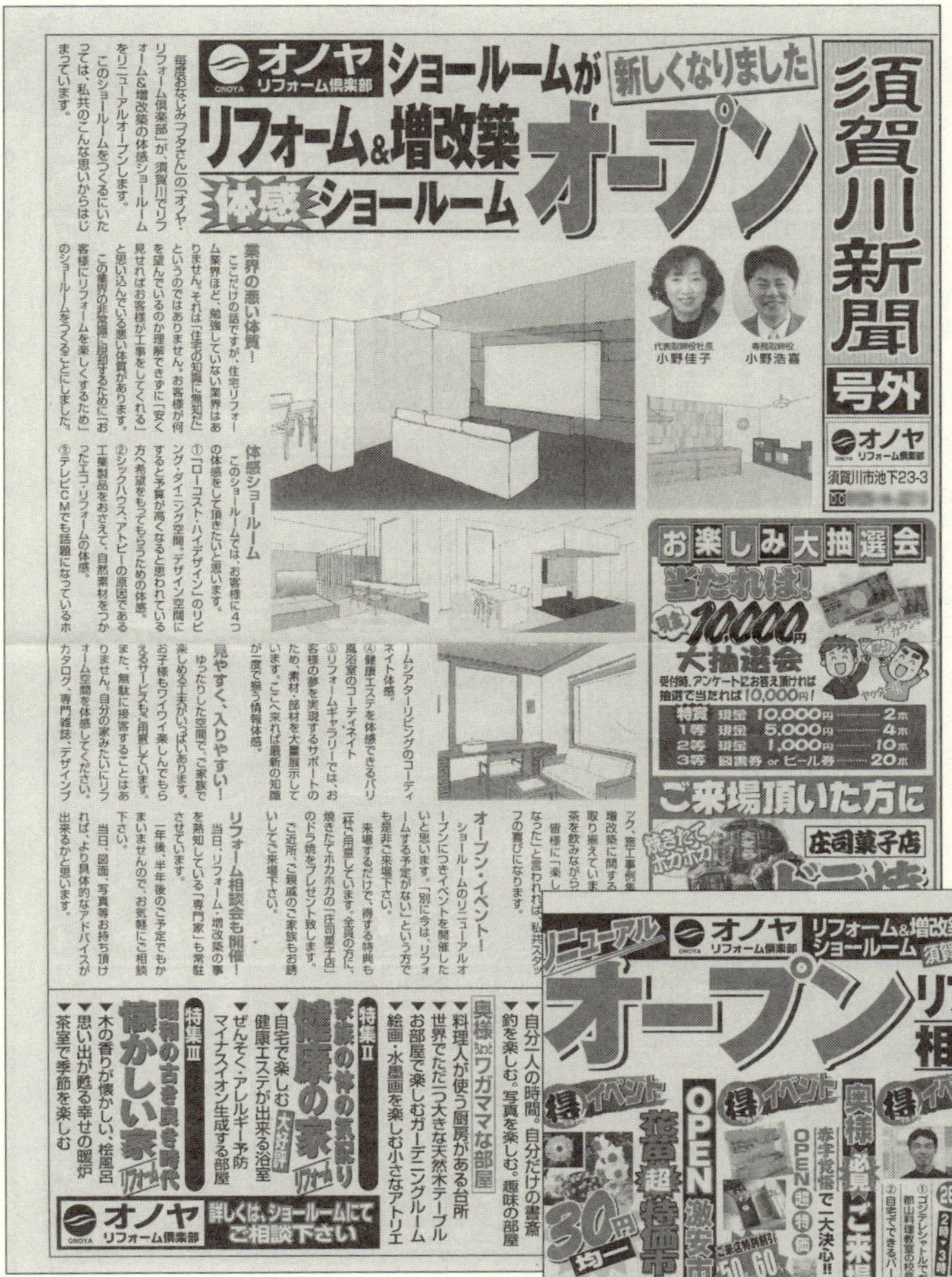

新聞形式でショールームができるまでを伝える

企画のサブタイトルの「ＯＰＥＮ」と入れると特別感が出て集客効果が高まる

6-6

「セールイベント」でダントツ売上アップ

◎「見たい」心理と「買いたい」心理

車のような高額品は、ただセールをしても、家電専門店やスーパーのように集客するのは難しいものです。

よくよく考えてみると、高額品を扱う店に来るお客様は2つの心理を持っています。

1つは「見たい」という心理、もう1つは「買いたい」という心理です。

「買いたい」という心理には、何度も見てからなるのです。ですから、「見たい」という心理のお客様が来店しやすくすれば、おのずと買ってもらえるようになります。

◎店に入る言い訳をつくる

とにかく店の敷居を低くすることがポイントになってきます。ただ見たいために店に入るのには勇気がいります。その場合、来店する「言い訳」をつくってあげると、店に入りやすくなります。

そこで、「イベントがあるから」という言い訳で、ついでに「商品を見に来た」という構図ができると、消費者は高額品を売る店でも入りやすくなるのです。

◎1時間滞留するイベント企画

イベントは、来店の言い訳になるとはいえ、それ自体に魅力がなければ、集客数を上げることはできません。

ポイントとしては、わずかな出費で楽しめることが重要です。「なんでもかんでも0円」では、消費者も引け目を感じます。そこで、多少のお金を払う形にすれば、気軽に参加しやすくなります。

また、イベントを企画する際は、子供と大人が一緒に楽しめることを前提に考えなくてはなりません。

・ゲームコーナー……ビンゴ抽選、ダーツ抽選
・体験コーナー……似顔絵、ミニ教室
・飲食コーナー……やきそば、たこ焼き、アイス
・市場コーナー……花苗市、野菜市、100円均一

以上のように、ゲーム・体験・飲食・市場と、家族で1時間は滞留できる仕掛けをつくることにより、商品も気軽に見てもらい商談が成立しやすくなります。

高額品販売では、「見たい心理」から「買いたい心理」に変えることが、業績アップに不可欠なのです。

「イベントがあるから」という言い訳で商品を見たい客を気軽に来場させる

買わないけど見たい客を集めるイベント

6-7

「異業種コラボ」イベントでダントツ売上アップ

自社の取り扱い商品だけでセールイベントをしても集客には限界があります。そこで、同じ客層を狙っている異業種とコラボレーションすることで集客を拡大するという方法が考えられます。次ページのチラシは、衣料品タケウチが宝石職人とコラボレーションして、短期間に業績アップした事例です。

◎「役に立つサービス」コラボレーション

タイトルは「熟練宝石職人が再びやって来る！」です。吹き出しとして「熟練」の文字を入れて強調することで、宝石職人の価値を高め、消費者の興味を引こうとしています。

職人さんには、イベント当日に仕事をしてもらいます。無料で修理の相談に乗ったり、低価格で修理を受けたりします。実際、タケウチのイベントでは「宝石のキズ取り、ツヤ出し新品仕上げ」を１０００円で行うサービスが大好評のようです。

ここで大事なのは、販売要素をチラシから打ち消すこと。売るイベントではなく、「役に立つ」イベントであることをイメージをさせることです。

「ノンセール」という印象によって来場しやすくなるので、集客する要素として重要です。特に高額品を売る集客イベントの場合、ノンセールの「役に立つサービス」というのは欠かすことができなくなっています。

◎コラボレーションの集客パワーの有効活用

タケウチは衣料品店ですので、普段は宝石を売っているわけではありません。宝石の悩み相談をイベント化することで、普段は呼び込めない客層を拾うためにやっているのです。宝石の相談目当てで店に来てもらい、それにより衣料品店タケウチを知ってもらうことが狙いなのです。そして、あわよくば衣料も買ってもらうことを期待しています。

異業種とのコラボレーションのイベントというのは、ただ商品委託するだけでは集客するまでにいたりません。来場したお客様に「役に立つ」サービス要素をうまく盛り込むことが、欠かせない集客ポイントだと理解してください。

年に1度のチャンスです
あなたの宝石のお悩みその場で解決!!
熟練
宝石職人が再びやって来る!

異業種の集客力を使って、ついでに衣料品を買ってもらう

年に1度のチャンスです
あなたの宝石のお悩みその場で解決!!
熟練
宝石職人が再びやって来る!
タケウチ店内特設会場にて
3月4日(土) 5日(日)
去年の修理ランキング第1位
去年の修理ランキング第2位
去年の修理ランキング第3位
宝石まつり あんなコト!こんなコト!
無料 血流測定会
劇的! 宝石リメイク ビフォーアフター
感動!宝石の キズ取り ツヤ出し 新品仕上げ
くらしのベストパートナー
タケウチ

キャンペーンセールスではなくイベントにすることで気軽に来場しやすくなる

宝石まつり
血流測定コーナー
宝石コーナー
笑顔がいっぱい 昨年の会場は 大好評 です!
ダイヤね。
うわぁ～ 私の血液 ちょっと ドロドロ。
どうですか? この機械で 血流サラサラか ドロドロかすぐ わかりますよ。
職人さんに何でも聞いてくださいネ。修理の事、サイズの事、わからない事 etc…あとはぜひ「新品仕上げ!」なんといってもたった1,000円で、指輪、ネックレスなど何個でも ピカピカにしますよ!
修理・相談コーナー
職人実演コーナー
はい、1,000円で 何個でもキレイ にしますので、全部持って こないと 損ですよ。
はい、職人が 目の前で すぐ直し ます。
この指輪 ひとつはサイズ 直し、ひとつは ネックレスに できる?
うーん どれも いいな
リメイクコーナー
うわぁ… いっぱい。
あの限定品 のペンダント いいなぁ。
ちょっと 見ていこか
はい! ごゆっくり 「見てるだけ」 大歓迎です!
あ～い
わたしも なおしてもらお
わたしも。
見てるだけ でも いいですか ぁ?
立て爪の リングを 普段使いに リメイク するの。
へぇ～、いいなあ 立て爪ってよくひっ かかってあまり、使わないのよね。
うわぁ～ 「新品仕上げ」 ってほんとに 新品同様キレイ になるのね。

6-8

「無料診断テスト」でダントツ売上アップ

見学会の応用になりますが、「見たい気持ち」を「試してみたい気持ち」に置き換えても集客効果を上げられます。それで成果を上げているコマキ進学塾のチラシを紹介します。

◎「無料診断テスト」で接点を持つ

学習塾のチラシはほとんどといってよいほど、「入会金無料」「募集説明会」と謳っています。したがって、中小の学習塾が同じやり方をやっても負けは目に見えています。大手は有名校の合格数を旗印として売り込みをしてくるので、中途半端な売り込みのチラシでは効果はほとんどありません。

そのような状況のなか、コマキ進学塾では「無料学力診断テスト」を訴求して集客をしています。学習塾の講習内容、価格で訴えて興味を持ってもらうのではなく、あくまでも「試してみたい」という心理をくすぐることがポイントです。「自分の子供はどれくらい学力があるのか」という親のニーズに応えることが、この企画の大事なところなのです。

「無料で試せる」ということで、それまで学習塾に興味を持っていなかった親御さんと接点を持つことができます。それにより幅広い層の集客を可能にするのです。

◎アドバイザーに徹する

この企画では、入塾を求めるセールスをしてはいけません。学力診断テストにより「子供の学力の現状を把握し、そこから一緒に考えていきましょう」というスタンスが大事になってきます。そうなると、入塾を考えていない人も学力診断テストの結果により、悩み相談が始まり、いつのまにか入塾するパターンになります。

あくまでアドバイザーとして奉仕したいという気持ちで接することで、安心感を与えることが重要です。

ものではなく、サービス、コンテンツ、情報を売るビジネスというのは、「診断テスト」を切り口に接点を持ち、新規客を開拓することが効果的です。

人間は、悪いところが見つかれば、気になってしまいます。そうなれば、治すために行動に移ります。ここにビジネスが生まれるのです。

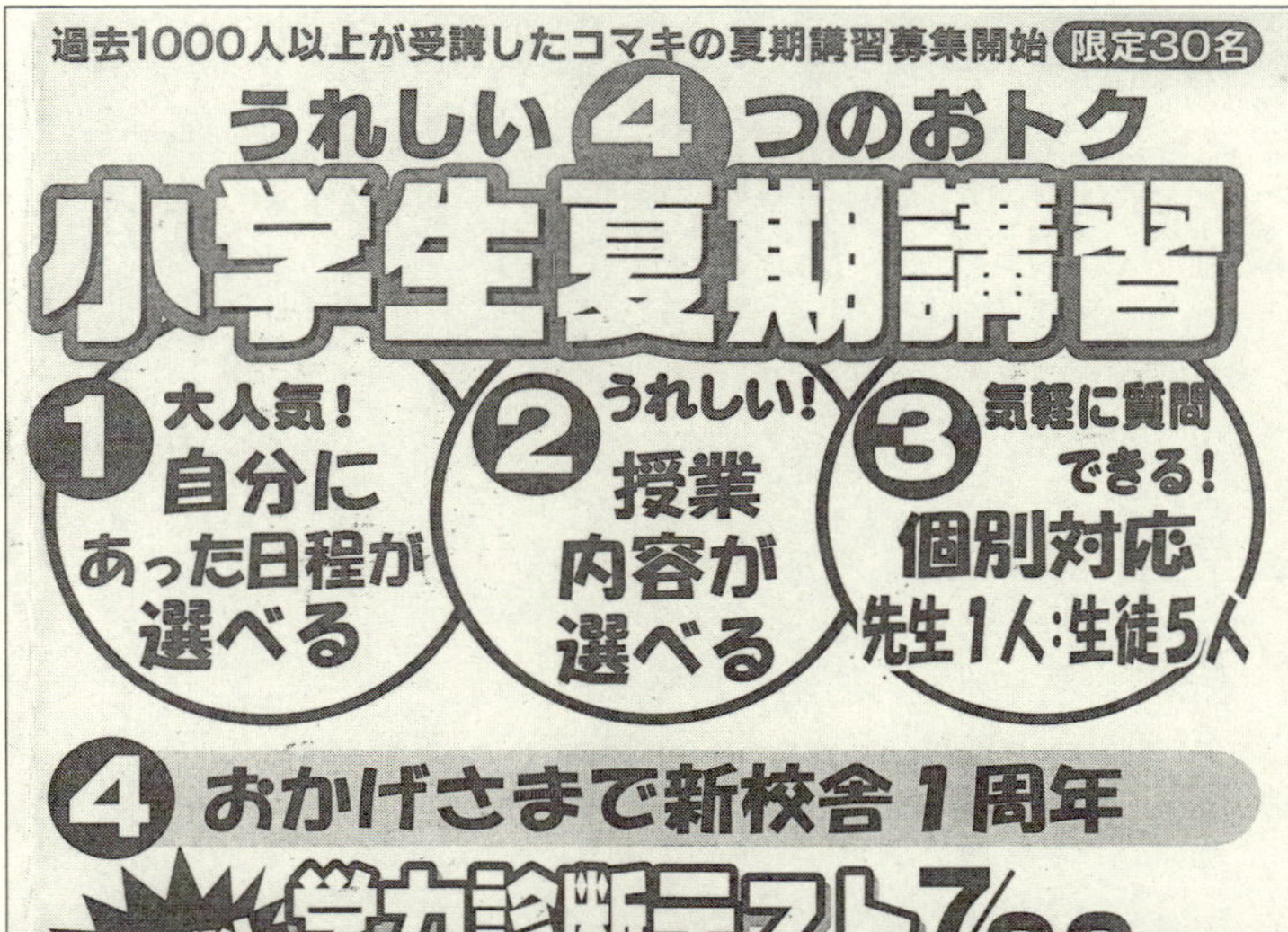

過去1000人以上が受講したコマキの夏期講習募集開始
限定30名
うれしい4つのおトク
小学生夏期講習
1 大人気！ 自分にあった日程が選べる
2 うれしい！ 授業内容が選べる
3 気軽に質問できる！ 個別対応 先生1人：生徒5人
4 おかげさまで新校舎1周年
無料 学力診断テスト7/22(土)
お電話下さい！
●電話受付時間:AM9:00～PM10:00
毎週月～土曜日
夏期講習のお申し込みは
個別指導の進学塾
コマキ進学塾

「試したい」という欲求を引き出した学習塾のミニイベント

6-9

「完成現場」見学会でダントツ売上アップ

◎できたて商品のお披露目の場をつくって受注促進

高額品を売る際は、オーダー性が高くなります。高額品の消費者は「機能」だけでなく、「デザイン」を求めるようになります。そこで、「できたてホヤホヤ商品」をお披露目する場をつくると、効果的な受注促進になります。特に新築、リフォーム、ガーデン、エクステリア等の住関連では、効果的な手段になっています。

次ページは、O社が行っている「完成リフォーム現場見学会」のチラシです。

◎鮮度を与える演出

消費者は、「新しい」ものを「見てみたい」という欲求を持っています。ですから、「完成商品見学会」では全面的に「新しさ」を伝えることが重要になってきます。その時に重要なのは、タイトルのコトバの演出です。次ページのチラシでも、「完成」の字が強調されています。これは、消費者に目をとめてもらうための工夫です。

◎誘惑する演出

「完成現場見学会」のチラシで来場を促すためには、「写真」と「キャッチコピー」のバランスが重要になります。チラシに載せる写真は、完成現場の全体を見せるのではなく、部分を強調するのがポイントです。外観であればカッコイイ玄関を強調する、内観であれば素敵なダイニングを強調する、といった手法です。

それによって「デザイン」を強調することで、消費者の「見てみたい」という欲求をかき立てることができるからです。

キャッチコピーは、雑誌のように個々の写真に1つずつコメントを入れるのではなく、その現場・商品の「テーマ」と「ポイント」を絞り込むようにします。それは、全部がわかってチラシで完結すると、来場してもらえないからです。「テーマ」は、ライフスタイルを強調するコトバで表現し、「ポイント」は潜在ニーズを問いかけるコトバで表現することが重要になります。

「完成現場見学会」のチラシは、写真・コトバを使って、消費者心理を誘惑することが最も効果を上げるコツなのです。

デザインリフォームという選択
ONOYA
Onoya-Style
あなたを、暮らしを、今を、デザインする
現場
セブンイレブン
しまむら
オノヤ
詳しくはお電話下さい。
完成リフォーム現場見学会
リゾートホテルの暮らしが体感できます。是非お越し下さい。
須賀川市
A様邸
築35年
築35年の典型的な日本の住宅を、明るい光が差し込むリゾートホテルの一室をイメージしながらプランを立てました。
このリフォームのポイントは、ズバリ「手作り」!! 棚や格子など細部に至るまで、工夫をこらしました。
手作りならではの味わいを会場で是非お確かめください!
開催日
6
24 SAT
25 SUN
10:00〜17:00
After
Before
リビング
リビングからベッドルームにつながる建具は、天井高まである特注品です。この建具を使ったことにより、閉めたときも開いたときも違和感がないように工夫しました。
ベッドルーム
プライベートな場所となるので、リビングからの建具を開けただけでは見えない造りにしました。
収納スペース
室内に物を置かなくてもいいようにと通常より広いスペースを確保し、ウォークインクローゼットを採用しました。ここにも天井高の建具を使用しています。
和室
リビングから、バリアフリーで続く和室はごろっと寝転んでお昼寝スペース。また、障子を閉めればお客様用の寝室スペースになります。
細部にいたるまで、丁寧な造りに驚いています。オノヤさんのこだわりを感じます。お任せしてよかったと思います。
須賀川市森宿
A様
若い方が住むお部屋なので、長くお住まい頂いても飽きがこないようシンプルなデザインを心がけました。明るくなった室内でゆっくりくつろいでほしいですね。
担当リフォームアドバイザー
新しいライフスタイルを提案します。
ONOYA
オノヤ
リフォーム倶楽部
URL http://www.onoya.com
お問い合わせ・ご相談
デザインリフォームという選択
「デザインリフォーム」この言葉を聞いて何を想像されるでしょうか。"高級" "住みにくい" "都会的" 依然としてデザインリフォームという概念は敷居の高いものではないでしょうか。オノヤは問い掛けます。真の「デザインリフォーム」とは何かを。そのコンセプトは「生活をデザインする」ということ。決して奇をてらうことなく、見た目だけを重視することでもありません。生活デザインとは豊かな人生を送るための「必要必然」から生まれたものであり、それこそが最も美しいと我々は考えます。無駄なものが削ぎ落とされた「必要美」。すなわち、デザインリフォームとは、決して特別な存在ではなく、全ての人々が享受できる権利を持っているはずです。オノヤは選択します。「デザインリフォーム」というスタンダードを。
ご来場の女性全員に
PRESENT
マルチボックス

鮮度感を引き出し「見てみたい」という欲求で集客効果をつくる

6-10

「商品比較」見学会でダントツ売上アップ

「見学会」というのは、小売業でも充分に通用する企画です。次ページに掲載したのは、A家具店が従来行っていたセール企画から切り替えて、効果的に集客した「学習机徹底比較見学会」企画のチラシです。

◎「売る気」を消す

見学会のようなチラシを作成する場合は、店側の「売る気」を消さなければいけません。そこで、「見る」「選ぶ」を強調したメッセージを入れることが重要です。

1つ目はメインタイトルで「見学会」を強調して、売りつけられる心配がない場であることをイメージづけることです。それにより、お客様が気軽に来店しやすくなる効果があります。

2つ目は、サブタイトルです。選ぶための勉強をする場であることをメッセージで強調することで、買う段階の客層だけではなく、選ぶ段階の客層を取り込む効果があります。

A社では「学習机をあわてて買ってはいけません。机選びは『じっくりと』が大事です！」と入れることで、選ぶ段階の客層を効果的に取り込むことができました。

◎見学に誘い込む

このタイプのチラシを企画する場合、来店してくれたら何を教えてくれるのかをはっきりさせなくてはなりません。1つ目は、メインタイトルの下にある「20年使える机選びのポイントがわかります」のコーナーのように、お客様の潜在ニーズを強調することです。2つ目は、最も見てもらいたい「こだわりデスクシリーズ」のコーナーのように、「こだわり」を紹介することです。

この2つを強調することで、見学に誘い込むのがポイントです。それには表現のコツがあります。潜在ニーズ、商品のこだわりを載せる場合、チラシ上に全部の答えを載せるのではなく、「チラ見せ」で表現をしなくてはなりません。あくまでも、来店すると答えがわかるというのが、「チラ見せ」の重要なところです。

小売業でも、価値を売りたい商品については、「商品比較見学会」のチラシ企画も今後の重要な戦術の1つになってくるでしょう。

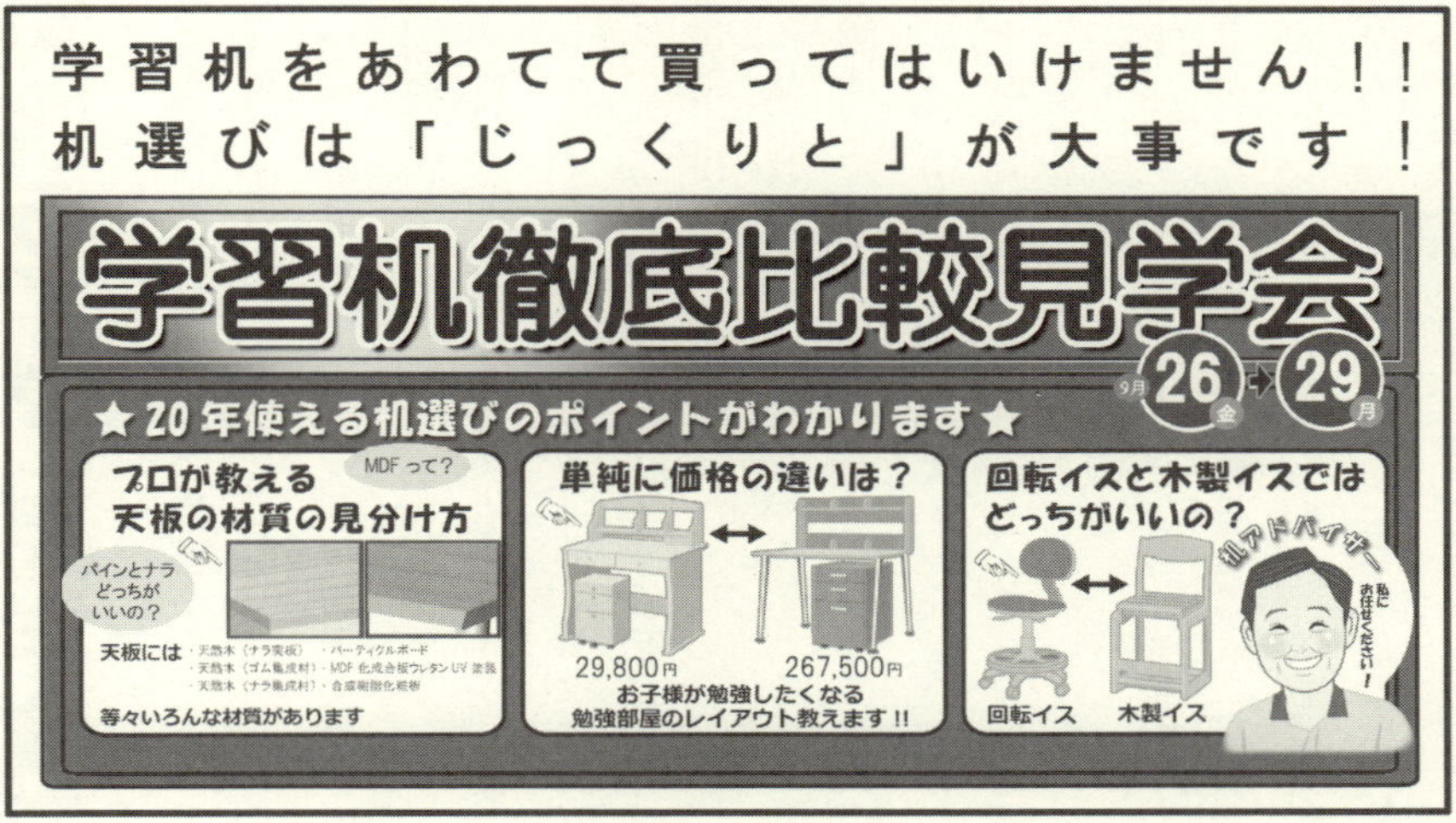
学習机をあわてて買ってはいけません！！
机選びは「じっくりと」が大事です！
学習机徹底比較見学会
9月26金→29月
★20年使える机選びのポイントがわかります★
プロが教える
天板の材質の見分け方
MDFって？
パインとナラどっちがいいの？
天板には・天然木（ナラ突板）・パーティクルボード
・天然木（ゴム集成材）・MDF化成合板ウレタンUV塗装
・天然木（ナラ集成材）・合成樹脂化粧板
等々いろんな材質があります
単純に価格の違いは？
29,800円
267,500円
お子様が勉強したくなる
勉強部屋のレイアウト教えます!!
回転イスと木製イスでは
どっちがいいの？
机アドバイザー
私におまかせください！
回転イス
木製イス

売る気を消して消費者の潜在ニーズを強調することで見学に誘い込む

6-11

「実演ライブ」見学会でダントツ売上アップ

◎「商品ができる過程」を見せることで集客

製造小売、食品製造小売、飲食店のように、「技術」を売りにしている会社は、実演ライブイベントが集客には効果的です。

商品そのものは日常的で当たり前のものですが、商品ができるまでの過程は消費者にとって非日常のものです。それを見ることができるとなると、希少価値が生まれ、集客効果が絶大になります。

魚市場で時々見られる「マグロ解体ショー」を、ある回転寿司店で開催したところ、1日あたりの来場客数が2倍以上に跳ね上がりました。そのイベントをきっかけに店の当月売上は前月の1・5倍になり、マグロ関連商品の売上は前月比3倍以上になりました。

消費者からしてみれば、マグロの切り身は見慣れているものの、切り身になっていく過程は見たことがない不思議な世界です。テレビでは見たことがあっても、実際に目の前で見た人はそれほどいません。だからこそ、絶大な集客効果が生まれるのです。

◎実演ライブの成功ポイント

「マグロ解体ショー」のような実演ライブの成功のポイントには、次の3つがあります。

①職人さんが実演する時に、販売員がわかりやすく、めりはりをつけて解説すること

②見ているお客様に、職人がしていることを真似て実際に体感してもらうこと

③材料の鮮度、職人の指先等をデフォルメして伝えること

以上のような演出をすることにより、お客様は思わず見たくなるばかりか、思わず買いたくなります。「商品ができる過程」をエンターテイメントとして伝えることで、絶大な集客効果が生まれるのです。

お客様の購買欲求を高めるのは、価格・価値だけではありません。店に来る楽しさ、商品を見る楽しさを体感する「わくわく感」も重要なポイントです。会社のよさ、商品のよさをエンターテイメント色豊かに伝える時代になってきているのです。

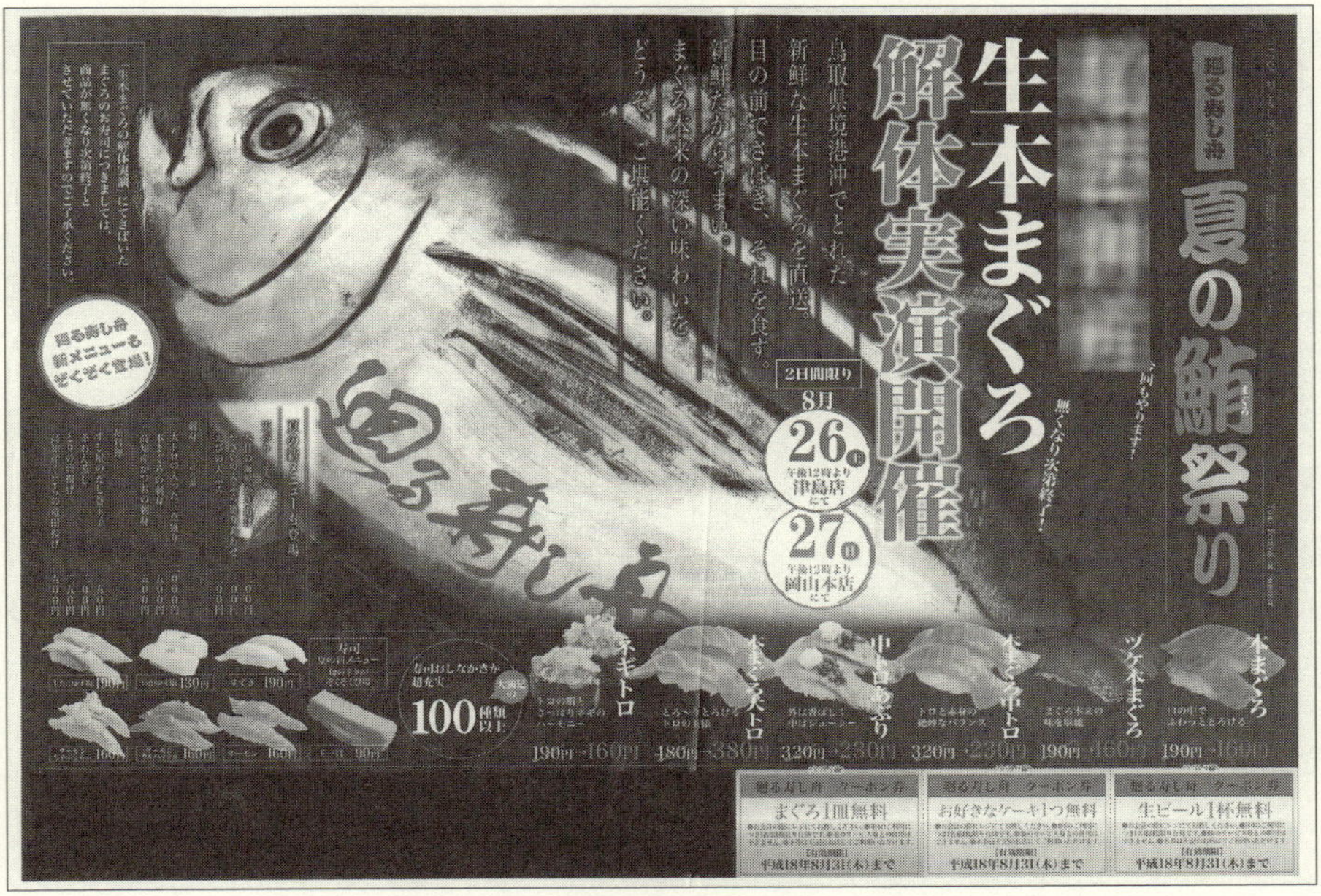

商品ができるまでの過程を実演ライブで見せることで、試しに食べてみたい、使ってみたいという欲求がわいてくる

7章

ヒット企画の法則

あなたの宝石のお悩み
宝石職
再びやって来
この夏！伸ばし
こんなお悩み解決し
ニッカホーム㈱
0120-87-7549
La Prove
日本の暮らしは
ここまできたのか。
自然とともに
時間が刻まれる生活。
外国映画に
出てくる家
INTER DECO HAUS
Topic
未使用車
79.8万円
89.8万円
69万円

7-1

「企画力」で瞬間売上をアップするチラシ集客術

◎「刺激」のあるチラシで消費者を振り向かせる

チラシは、商品やサービス、キャラクター、会社の信用を伝えることで、安定的な集客をすることができます。しかし、それだけでは消費者が「またこの店ね」くらいにしか思わなくなってしまいます。

このような状況を打開するには、「刺激」のある企画チラシで、消費者を強引に振り向かせなくてはいけません。それを実現するには、以下のような3つの要素が有効です。

①期間限定割引

「そのうちこの商品を買いたい」と思っている消費者に行動を起こさせるためには「期間限定の特別割引」が有効です。自分のほしい商品が安く買えるということで購買行動を起こさせるのです。

②一点突破商品

たくさんの消費者に支持されるのではなく、特定の消費者に支持される企画を打つと、圧倒的に集客ができます。シーズン商品、アウトレット商品、予算帯、テーマを絞り込み、他店よりアイテム数や安さで圧倒することで、特定層の購買行動を促進することができます。

③プレミア特典

女性客を呼び込むには「特典力」です。粗品、おまけ、サービスポイントのお得感で、購買行動が変化します。他店より特典のプレミアを上げることにより、集客をアップすることができます。

◎企画チラシは劇薬、連発するとマンネリ化する

このような要素を入れた「企画チラシ」は、既存顧客の支持を得ることにプラスして、新規顧客の支持を得ることができます。それにより通常チラシの1・5〜2倍の集客効果をあげることができます。

ただし、企画チラシはあくまで劇薬です。集客できるからといって連発するとマンネリになり、効果が出なくなります。集客が落ちてきた時に回復させる薬として、使用するものなのです。安定集客を維持するには、たまに消費者に刺激を与えることです。次項から刺激を与える「企画チラシ」のタネを紹介していきましょう。

ポイントアップしますよ
いろいろお付けしますよ
今だけですよ
よし買ってみるか

7-2

「季節商品」キャンペーンでダントツ売上アップ

春夏秋冬で売れる商品は変わってきますが、そのなかでもある一定期間で店の売上の20～30％を占める季節商品群があります。小売業では、「季節商品」を制する店が集客で優位性を保つことができるといっても過言ではありません。

◎競合他社に先駆けてセールを打ち出す

「季節商品」は、チラシを本格的に打ち出すタイミングによって成果が左右されます。基本は、売れ始める1ヶ月前からPR活動をすることとです。そして、競合他社より先にセールキャンペーンをすることが必須条件になってきます。ちょっとした差でも、後か先かで売上が変わってくるものなのです。

遅れをとった場合には、シーズンが終わって売上を集計してみると5～10％はダウンします。大げさと思われるかもしれませんが、他社よりも一歩先のタイミングでチラシを打ち出すことがそれだけ重要なのです。

以下の2つのポイントのように、「季節商品」は他社との駆け引きに勝つことで集客効果が上がります。

◎競合他社の1・3倍のアイテム数をチラシに掲載

季節商品のキャンペーンをする場合、チラシの表紙面の50～100％を使って商品力を伝えることが重要となります。そして、一番重要なのは、季節商品の主力単品のアイテム数を、他社のアイテム数の1・3倍を載せることです。

店内の展示アイテム数では負けていても、チラシの掲載アイテム数が優っていれば集客効果があるのです。次ページに掲載した家具店のチラシはそれで成功した例です。

◎先行予約割引の訴求

高単価品の季節商品の場合は、売り始めの1～2週間が重要です。他社より客付けを早くしないと、結果的に売上が上がりません。

そこで効果があるのは「先行予約割引」です。予約すれば、実際に買う時に安く買えるというものです。これをすることで、集客効果だけでなく売上をアップすることができるのです。

圧倒的な学習机の品揃え訴求と特典力で集客力を上げた「季節商品」のチラシ

7-3

「全額キャッシュバック」のキャンペーン効果

◎値下げ以上の効果が見込めるキャッシュバック

「キャッシュバック」とは、購入したお客様に現金を返すという方法です。これをうまく使うと、「値下げ」以上の集客が見込められます。

キャッシュバックで最も効果があるのは、「100名に1名だけ、お買い上げ全額キャッシュバック」といったように、抽選方式で行うものです。

全額キャッシュバックというと大損すると思われますが、実は値下げよりは損が小さいのです。

例えば、店の客単価を1000円とします。普通に1000人に売れば10万円の売上です。それを10%値下げセールにすると、売上9万円になります。

一方、全額キャッシュバックであれば、お客様の100名に1名だけが0円になりますので、売上は9万9000円になります。キャッシュバックする相手が、たまたま平均客単価を大きく上回るお買上げになった場合は不運というしかありませんが、基本的には1%程度の値下げですむのです。

◎期待性と希少性を上手にコントロールする

兵庫県のT釣具店では従来、「店内全商品、平常価格より10%OFF」セールを実施していました。それがマンネリ化し、集客はじり貧傾向をたどっていました。そこで100名に1名だけの「お買い上げ全額キャッシュバック」に切り替えたら、値下げセールの1・2倍の売上をつくり、セール粗利率もアップできました。

全額キャッシュバックは、「もしかしたら自分が当たる」という期待性、「ただで買える」という希少性により絶大の集客効果が出ます。消費者の心理からすれば、ちょっとした「宝くじ」を買う感覚です。

これを成功させるには2つの条件が必要です。

1つは、セールキャンペーンでのレジカウントが1日500名以上であること。1日の当たりが5本未満だと「期待性」が薄れてしまいます。

もう1つは、客単価3000円以上であること。客単価を低く設定すると、当たりのインパクトが弱く、希少性が薄れるからです。

リニューアル OPEN 見どころ スタッフから発表！

店長 高橋です！

鮎釣りコーナーオープン！

新しい竿・ウェア・鈎も入荷していますので今年もよろしくお願いします。

副店長 森中です！

ヘラ鮒竿カーボンロッド・ヘラ鮒用品
大阪最強の豊富な品揃えでオープン！ぜひご来店下さい！

ケンゾーです！

オープンでしかできない特別割引き価格あり！

DMに載せれないのが残念です。ぜひご来店の上お確め下さい！！

ヒロシです！

さらに豊富な品揃えと安さで突き進みます！！

サチコです！

海釣用品の小物、仕掛もさらに充実しました。

御来店お待ちしております！

ミスターXです？

DM広告で掲載されない商品もビックリ価格かも？

ルアー福袋も…？！

米源をよろしくたのみますわ！

釣具業者の方に 絶対に 見せないで下さい！

OPENセール期間中！

100人に1人、レジにて！

最大全額10万円まで！

全額キャッシュバック
釣具がタダで買えるチャンス！

禁断価格続々入荷中！

ガードマン
今回の OPENセールは私が聞いた限りではスゴイことになりそうです。よって当日、大変な混雑が確実予想されますので、お車でのご来店を差し控えて頂くようよろしくお願い致します。

釣り大会のお知らせ
がまかつG杯南近畿地区 がま磯・チヌ大会湯浅会場
（大会日） 4月8日（火）

（申込締切日） 3月28日（金）

（参加費） 4,500円
東近畿チヌ大会 （場所）尾鷲 （日時）5月17日（土）

北近畿チヌ大会 （場所）家島 （日時）5月18日（日）

トラウトルアー・フライ 釣場ご案内
嵐山フィッシングエリア
（嵐山高雄パークウェイ内）

TEL（075）873-1919
1日券 4,000円
通天湖
（京都府船井郡）

2003年3月30日までプレオープン！ 4月中旬フルオープン予定！

お問い合わせ プラネット TEL（0771）63-0137
おすすめNEWタックル！

Daiwa 入荷しました！

価格は店頭発表！

トーナメント磯 インパルト
・2000LB（285g） 36000円
・2500LB（280g） 37000円
・3000LB（285g） 38000円
・2500LBD（280g） 39000円
SHIMANO 近日入荷予定！
コンパクトサイズで手持ち釣に！
電動丸 600H
自重495g
55,000円
価格は店頭発表！
米源釣具店 3/28（金）～4/17（月）
大阪No.1安売り！ 10日間限り！ 早い者勝ち！
大阪最強 安売宣言 リニューアル OPEN
3月28日（金） 9時30分スタート！
一流メーカー ロッド＆リール ルアー へら 磯 船 投
40～45％OFF！
カード払いは3％割引率が変わります。

キャッシュバックは値下げセールがマンネリになった時に効果的

7-4

「クーポン券」でキャンペーン効果アップ

◎主婦の財布の中はクーポン券だらけ

男性にとっては考えられないことかもしれませんが、女性、特に主婦の財布には「クーポン券」がたくさん入っています。彼女たちの感覚では、クーポン券は「お金」と一緒なのです。

ファーストフードをはじめとして、さまざまな業種の店がクーポン券をチラシにつけています。この「クーポン券」は販促効果には根強いものがありますが、使い方を間違えるとチラシでの集客効果がまったくなくなります。

◎クーポン券付きチラシの効果を高めるポイント

以下の4つのポイントをコントロールしながら、クーポン券付きチラシをつくると効果絶大です。もちろん、常に効果測定をしながら企画する必要があります。

①単品（商品購入単位）でクーポン券をつくる

消費者にとってクーポン券のメリットは「自分のほしいアイテムが安く買える」ということです。そこで、ある程度は選べる枠が必要です。単品（商品購入単位）レベルで、クーポン券をつくるのが効果的です。

②集客単品でクーポン券をつくる

クーポン券というのは来店促進の手段です。クーポン券で集客単品から商品を買ってもらい、ついでに他の商品を買ってもらうというのが基本です。したがって、購買頻度の高い単品を選定することがポイントです。

③クーポン券には有効期限をつける

有効期限を設定することもポイントになってきます。無期限にすると希少性が薄れてしまい、所持率が落ちてしまいます。よって、集客効果がよくありません。期間は商品にもよりますが、1万円未満の商品であれば1ヶ月、1万円以上であれば3ヶ月くらいがいいようです。

④クーポン券にレパートリーをつくる

クーポン券付きのチラシにする場合、最低3枚以上のクーポン券が必要です。本当に効果があるのは、次ページの例のように、裏面全部がクーポン券という形です。クーポン券がたくさんあるほど所持率が上がり、集客効果もアップするのです。

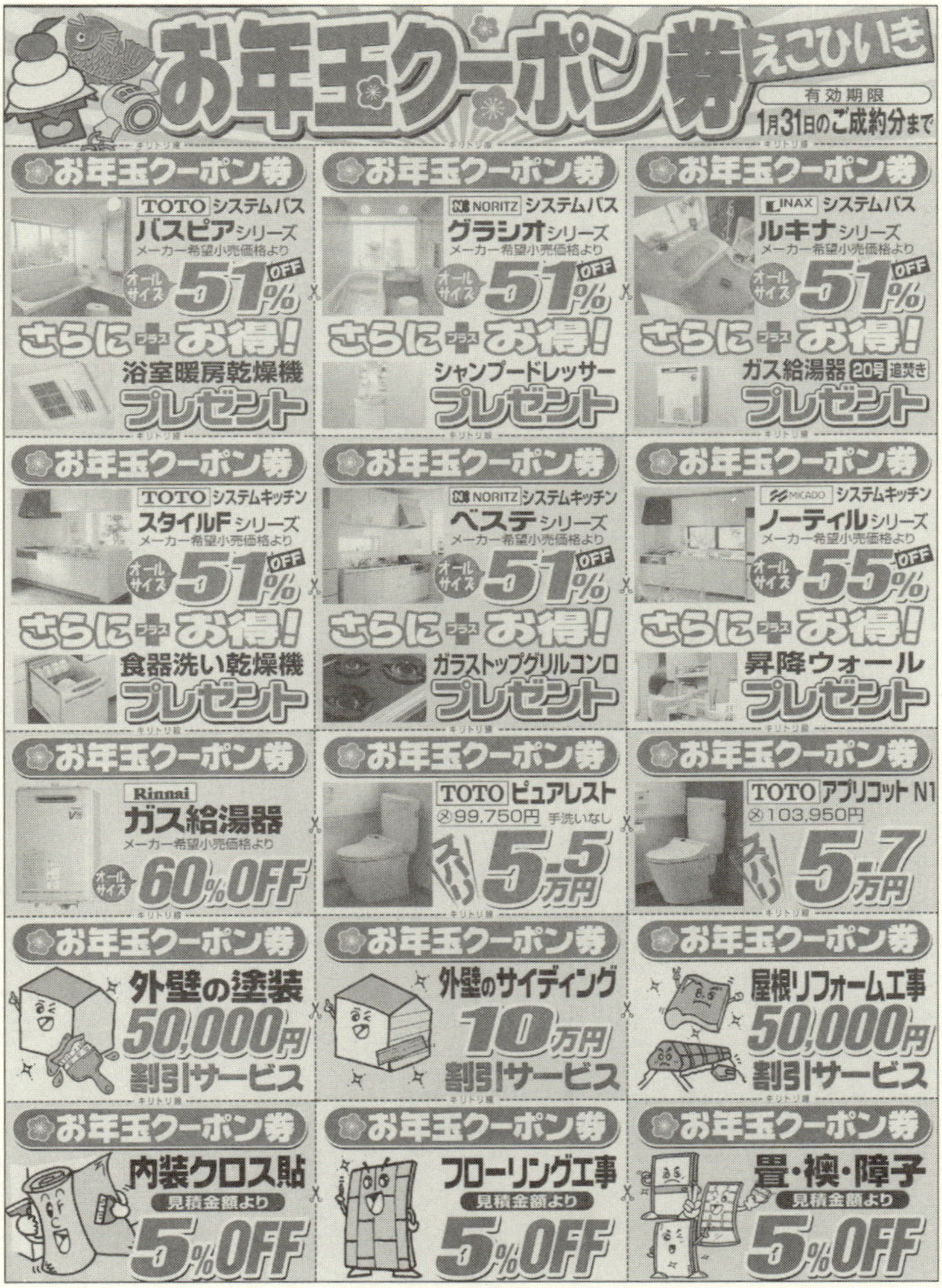

期間限定の希少性を与えて商品群別にクーポン券をつくることにより、利用率がアップし集客力が上がる

7-5

「抽選割引」でキャンペーン効果アップ

◎半額セールでも抽選割引方式なら損はしない

ただの「割引」というのは、どこもかしこも年柄年中やっており、マンネリになって消費者は動かなくなってきています。

例えば10～20％割引というのは、売る側からすれば相当な負担ですが、買う側は「今日は少し安いね」くらいにしか思っていないのではないでしょうか。

圧倒的にインパクトを与えるためには「半額セール」規模の割引が必要になってきます。もちろん、全商品でそんなことをしてしまったら、大赤字になってしまいます。しかし、「抽選」要素を入れることで、大損せずに割引インパクトを与え、集客効果も上げられるのです。

次ページは中古バイク店B社のチラシですが、この会社は「抽選割引」を行い、初売りで平常セールの1・5倍の成果をあげています。

◎抽選割引は年1、2回にとどめる

B社の抽選割引は、チラシに掲載した当選番号の年賀はがきを持参すれば、その場で割引するという仕組みです。一見、大損しそうな割引セールと思われますが、実際のところは損をしないようになっています。

例えば半額割引の当選番号は、下4桁で3通りですから、当選確率は1000分の3です。そして、スクーターの世帯普及率を10％とすると、さらに下がって1万分の3となります。結局のところ、半額割引の当選者は1人あるかどうかなのです。

「半額で買えるかもしれない」という期待感を呼び水としてチラシに興味を持ってもらい、年賀状をチェックして当選番号を探した結果、1万円引きや2万円引きでも当たっていればうれしくなり、来場してくれるのです。このような「宝くじ効果」で購買意欲を刺激しているため、瞬発的に売上をつくることができるのです。

B社では、年賀状による割引抽選以外に「ガラガラ抽選」も行うことで絶大の効果を出しています。

セールで大きな売上をつくりたい時、「抽選割引」をうまく使うといいようですが、乱発すると平常時が売れなくなるので、年1、2回にとどめるのが賢明です。

宝くじ効果により購買意欲を刺激する正月ロングセラーチラシ

7-6

「下取り」のキャンペーン効果

◎消費者の背中を押して買い替えに導く仕掛け

商品のライフルサイクルが成熟期に入っている場合、買い替えを促進する起爆剤が必要になります。消費者はすでにその商品を持っていて、現状は実用に足りています。それを買い替える気にさせるには「仕掛け」が必要です。特に購買頻度の低い耐久消費財（車、家電、家具、宝石、重衣料等）では、そうした作戦が重要です。

その場合に有効なのが「下取りキャンペーン」です。家電製品をはじめ、商品を買い替える時に処分費がかかるものがあります。消費者はそういう出費を惜しみます。そこで、古い商品を引き取ったうえに下取り分を代金から割り引くサービスがあると知ると、「この際だ、新しい商品を買おう！」と決断するきっかけになります。

横浜市のリフォーム&増改築専門店のK社は、「下取りキャンペーン」チラシの折込みで、買い替え売上を前年比130%に増やしました。

◎「故障品もOK」と謳って下取り価格を明記

「下取りキャンペーン」のチラシは、「○○を下取りします」と表示するだけでは集客効果がありません。タイトルに「ガス給湯器を1万円で下取りします」というように金額表示することが重要なポイントです。

下取り価格の目安は、単品の平均単価の10～15%です。定価10万円前後のガス給湯器であれば下取り価格は1万円くらいが妥当なところでしょう。

古い製品には小さな故障がつきもので、消費者は不便を感じながら使っています。そこに買い替えニーズが潜んでいるのです。次ページのチラシのように「故障品も下取りします」と入れると、確実に集客できます。

消費者は、下取りサービスでも故障のある製品を持ち込むことに負い目を感じるようです。「故障品もすべて下取り」と謳ってあることで消費者は安心します。

以上の2つのポイントを押さえて、需要の高い季節に「下取りキャンペーン」することをお勧めします。このキャンペーンは継続的に長期間行うより、需要期に向けて短期的に実施したほうが希少性が生まれ、買い替え促進に絶大な効果が出てきます。

下取りを打ち出すことで買い替えを促進

7-7

「抽選販売」のキャンペーン効果

◎集客以外に個人情報を得られるメリットも

どんな商売でも年2回は、大きなキャンペーン、イベントが必要です。その際に圧倒的集客が期待できる企画として「抽選販売」があります。

限定販売の場合は、朝に行列ができて終わりですが、抽選販売は、セール期間に継続的な集客ができます。そして、抽選販売の対象となる「レア物」「超破格値」の商品を揃えているため、普段は店に足を運んだことのない新しい顧客を呼び込むことができます。

「抽選販売」には、圧倒的な集客以外に、もう1つ大きな目的があります。それは、抽選に応募する時に必然的に名前、住所、電話番号、メールアドレスを書き込んでもらえるため、抽選に当たらなかった人を含めて大勢の個人情報を獲得することができるのです。

あとで、それを使ってDMやメールでの販促をして、集客アップ、売上アップにつなげることができます。

以下で説明する「レア物」「破格商品」のように、少量ながら圧倒的な魅力をつくって抽選販売すると効果的です。オープン時や初売りには欠かせない企画です。

◎「レア物」の抽選販売

趣味性の強い商品には「レア物」が存在します。ネットオークションであれば、正規価格の1・5倍の値がつくような商品です。釣具店でも、ルアー商品にレア物が存在します。次ページ掲載のチラシのように、レア物を抽選販売すると、1アイテムにつき100名以上の応募があります。この店には5アイテムありますので、それだけで500名は来場させたことになります。

レア物というのは、このように使うと圧倒的な集客が可能となります。

◎「破格商品」の抽選販売

破格商品は、正規価格の80～90％OFFの商品です。正規で1万円であれば、1000円から2000円で出します。仕入先から1社1～2本を協賛提供してもらいます。10社あれば、10～20本も集まります。これを来店客数の少ない家具店でやったら、通常セールの来店客数に比べ3倍以上の集客がありました。

レア商品をもったいぶって打ち出すことにより絶大な集客効果をつくることができる

7-8

「均一企画」でキャンペーン効果

◎購買意欲が自然と高まる

安さの演出法として、昔から最も有効なのが「均一セール」です。これをビジネスモデルにした業態も生まれています。100円均一ショップのダイソー、100円アミューズメントのJJクラブ等がそれです。

ワンコイン、たった100円で何でも買えたり、いろいろ遊べたりするので、わくわくする気持ちが強くなって購買意欲が高まります。

均一企画で集客効果のあるチラシをつくる場合、以下のようなポイントがあります。

◎最低均一価格をどう設定するか

「均一企画」をする場合、当然ながら最低均一価格の設定が重要になります。

一般的には、平均単価の1~3割くらいの予算で「均一」をつくります。この場合、安さをアピールするため、なるべく硬貨単位、紙幣単位で設定したいところです。平均単価5000円の店ならば、500円、1000円の商品を取り揃える必要があります。

◎「撒き餌」の役目を果たす均一目玉の選定

均一セールをする場合、設定した均一価格に近い商品を数多く取り揃えただけでは、集客効果はありません。チラシに掲載する以上は、平常価格より20~30％ほど安い商品を盛り込む必要があります。均一で成功するには、お客様を呼び込む「撒き餌」が重要なのです。

例えば家具店では、半年に1回大きな企画する時に均一チラシを打つところがあります。S家具店では最低均一価格を1万円に設定し、次ページのようなチラシをつくっています。

ここでポイントなのは、1万円均一の商品も、2万円均一、3万円均一の商品と同様の見せ方をしていることです。安いからといって雑に掲載すると集客効果が半減するので、気をつける必要があります。

なお、「均一企画」というのは、恒常時にやってはいけません。常時やると効き目がなくなってしまいます。均一販売はあくまでも、販促の手段として活用することが大事なのです。

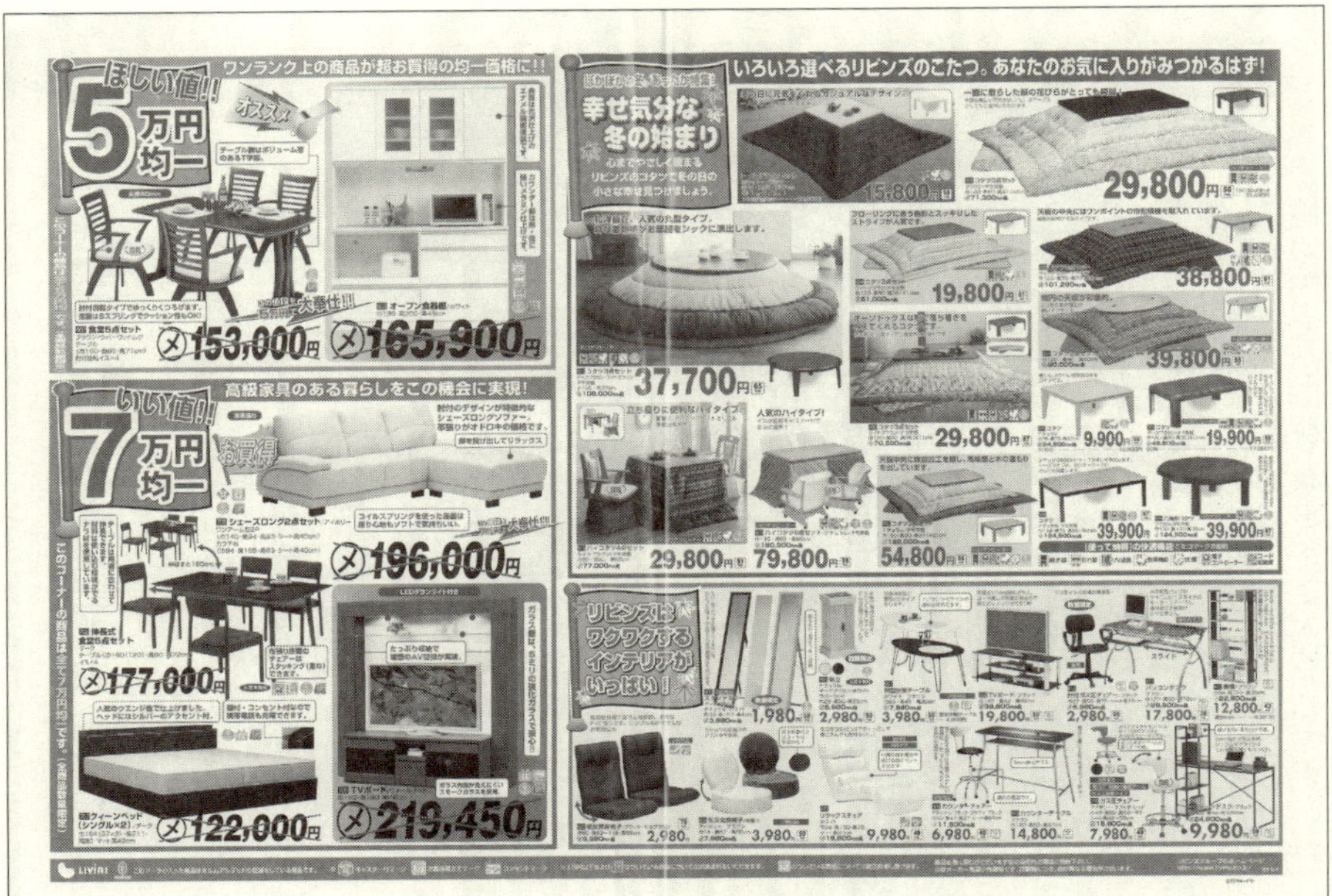

「均一」の商品で、いつもと違うギャップでわくわく感をつくり集客効果を上げる

7-9

「セット販売」でキャンペーン効果アップ

◎入門者・初心者向けに有効なセット販売

入門者や初級者の購買を促進するには「セット販売」が効果的です。

セット販売であれば、ある程度の金額を出せば、1つの店で買い揃えることができ、簡単に「新しい生活」「新しい趣味」ができます。そのうえ、消費者は「お得感」を感じるのです。

入門者・初級者に向けて「セット販売」をチラシに打ち出すようになると、そのマーケットにおいて売上の70%以上を占めるようになります。趣味性の高い商品になると、80~90%を占めることもあるようです。

◎附属品・関連品で付加価値アップ

セット商品をつくる場合、中心となる本体商品の価値以外に、それをさらに魅力的にする付属品・関連品の付加価値が重要なポイントになってきます。

L家具店では、1月から新入学生向けに学習机のセットを大量に販売します。学習机の単体で3万9800円のところ、付属品・関連品を入れて4万9800円のセットにして爆発的に売れています。実は単体でも売場に展示していますが、それは売れていません。セットばかり売れてしまうという状況になるのです。

つまり、セットに組み込まれているキャラクター付きのデスクマット、キャラクター付きのクッションが、学習机を引き立てています。人気キャラクターグッズが、学習机の価値の化学反応を起こして、お得に感じさせるのです。

◎サービスによる安心価値の向上

さらにお得感を出す役割をしているのが「サービス」です。「ローン金利手数料無料」「送料無料」「設置無料」のような購買の利便性を与えるサービス、そして、「品質保証」「定期点検」のようなアフターサービスです。それをセットに打ち出して表示すると、「安心」というお得感で集客効果を上げることができます。

セット販売をする場合は、本体商品の価値を引き上げる付属品・関連品よる魅力価値の向上&サービスによる安心価値の向上が重要なポイントなのです。

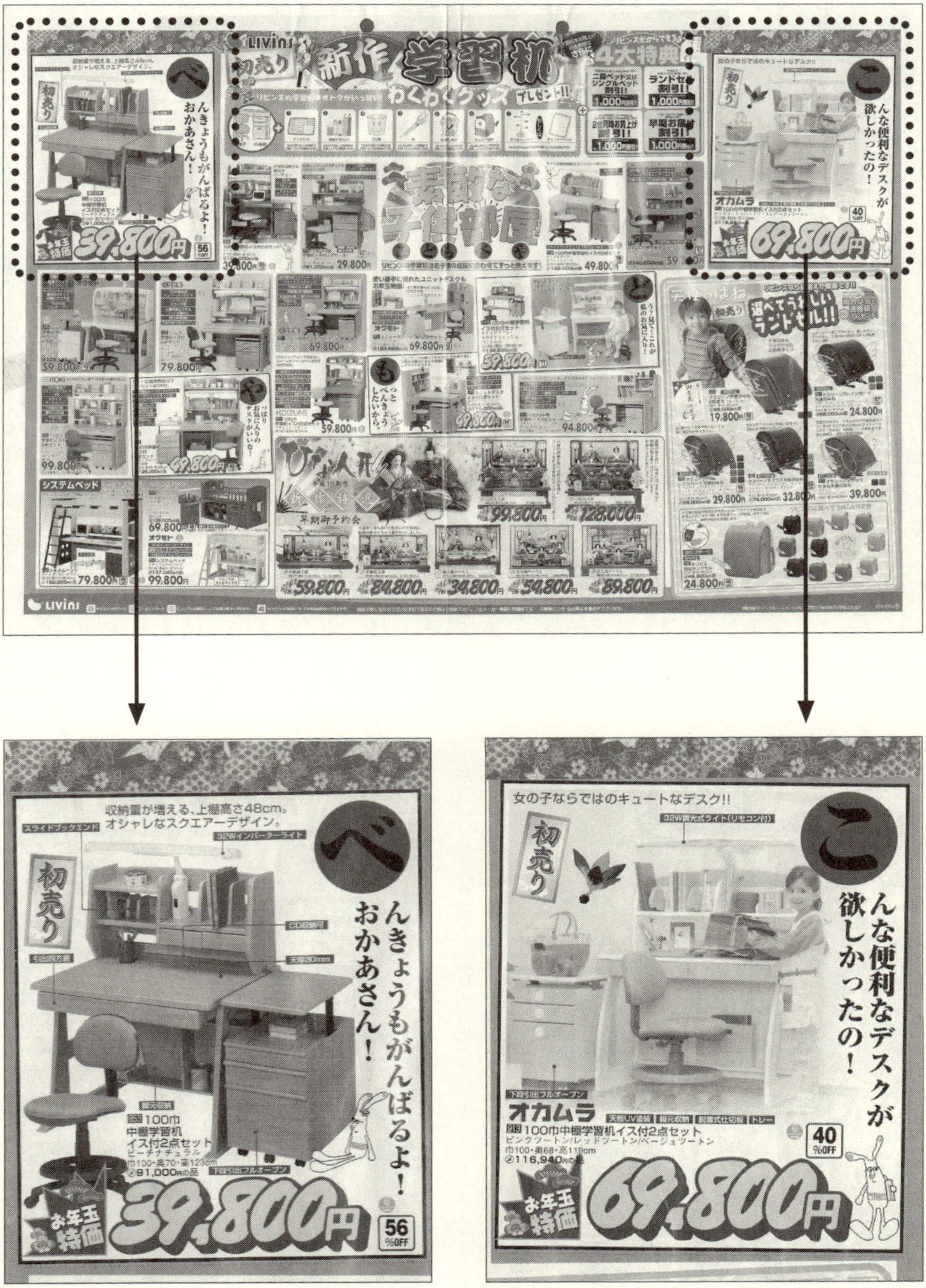

セットにすることでお得感が出て集客効果がつくれる

7-10

「プレゼント」でキャンペーン効果アップ

◎粗品では来店促進効果は期待できない

客単価が高い業種（目安として1万円以上）になると、来店促進が重要になってきます。まず、お客様から買ってもらう障壁より、来店してもらう障壁をクリアすることが重要なポイントなのです。

そのような業種の来店促進で最も効果的なのは「来店プレゼント」です。「プレゼントをすればお客様が来るのか」と首をかしげる方もいるでしょうが、集客上はこれが大事な要素になってきます。ただし、いわゆる「粗品」ではまったく効果はありません。「素敵」「豪華」でないとプレゼントの意味がありません。

以下の3つのポイントを押さえて来場プレゼントを企画することにより、確実に来場促進ができます。

◎プレゼントの費用の目安

購買の有無に関係なく、来店するだけでプレゼントするわけですから、費用をかけすぎてもいけません。

目安としては、客単価1万～10万円であればプレゼントの費用は５００円まで、客単価10万円以上であれば同じく１０００円までです。それを越すと、逆にお客様が引いてしまいます。

◎見た目で集客する来場プレゼント

来場プレゼントは、コスト的にはたとえ５００円であっても、１０００円以上に見えるものがいいようです。日本製では難しいのですが、海外で生産したものであれば、そう見えてしまうものがあるのです。

例えば、「便利な料理道具6点セット」「ガーデニング6点セット」といったものがプレゼント用にヒットしています。ちなみに、これらは景品問屋の「内海産業」（03-5512-1200）で仕入れることができます。

◎人気で集客する来場プレゼント

人気があるもの、ブランド力のあるものを来場プレゼントに採用すれば、集客力は絶大です。例えば、住宅販売の来場プレゼントで当たっているものに、「人気のお菓子店のシュークリーム」「人気のパン屋さんの食パン1斤」プレゼントがあります。

女性限定のプレゼントにすることで
特別感が出て集客力がアップする

人気商品をプレゼントすることで集
客効果がアップ

7-11

「日替わり企画」でキャンペーン効果アップ

◎リピート集客に効果のある「カレンダー型バーゲン」

低単価で購買頻度の高い商品の場合、セール集客して売上アップを図りたい時は、リピート集客することが重要なポイントになってきます。

次ページのチラシは、衣料品店の「カレンダー型のバーゲン」チラシです。ひと目で1ヶ月のバーゲンセールがわかるように表示されているので、リピート来店がしやすくなっています。

◎リピート集客の仕掛け

このカレンダー型のバーゲンチラシは、割引主体の「売り尽くし」の要素が高いチラシになっています。最初は「3割引」、次に「半額」、最終的には「均一」で処分するといったように、「だんだん値下げ」になっています。

最初は商品が豊富にあるので、ほしい商品を選んで通常よりも安く買うことができます。逆に、最後になると商品が少なくなって商品は選べませんが、価格はすごく安くなります。

この対極の状況で購買心理をあおり、ワクワク感、ドキドキ感を演出することにより、リピート来場を促進することができます。

◎ドキドキ感の演出

「だんだん値下げ」をカレンダーだけで載せてもインパクトはありません。そこで、カレンダーの「日替わり」だけの表現ではなく、「週変わり」で爆弾マークを入れて「だんだん値下げ」を強調しています。

値下げする企画の日程は同じでも、「日替わり」「週替わり」とダブルであおることにより、さらにワクワク感、ドキドキ感が増してくるようになります。

◎チラシの保存率を高める仕掛け

最後に押さえなくてはならないことは、チラシの「保存率」です。タイトルの目立つところに「これを見れば、バーゲンセールがひと目でわかる保存版!! お家の壁や冷蔵庫などに貼ってくれたらうれしいなぁ～」とコピーを入れることで、保存率を高める効果があります。

だんだん値下げによるドキドキ感演出と、チラシ保存率向上により、リピート集客が可能になってきます。

セールカレンダーにすることで保存率が高まり、ロングランで集客ができる

8章

売れるキャラクターの法則

8-1

「キャラクター」の愛着によるチラシ集客術

◎キャラクター力で店や会社に愛着を持ってもらう

チラシを使った商品集客、企画集客、イベント集客によって、即効性のある集客を見込めます。しかし、毎月チラシを折込みするようになってくると、安定した集客を見込める集客の仕掛けが不可欠になります。

そこで、商品や企画だけを見てもらうチラシにするのではなく、店（会社）に愛着を持ってもらうような「キャラクター力」がポイントになってきます。

◎「会社」キャラクターの愛着力

堅いイメージや男臭いイメージの会社は、女性からすると、気軽に利用するのに抵抗があります。

しかし、ディズニーアニメに出てくるような「パンダ」「ゾウ」「ブタ」などを会社のイメージキャラクターとして打ち出すことにより、柔らかいイメージを与え、愛着を感じて利用しやすくなる効果が出てきます。

◎「社長」キャラクターの愛着力

消費者は、中小の店から商品を買ったり、サービスを受けたりすることに不安を感じます。高額になればなるほど、そうした不安は大きくなります。

中小の店というのは、「社長の人柄」や「社長の考え方」によって信用を得て、商売が成立するの割合が高いと言えます。

つまり、社長を愛着のあるキャラクターにすることで、不安を消す効果があるということなのです。

◎「スタッフ」キャラクターの演出

高額商品になるほど、商品だけで選ぶのではなく、プラス人で選ぶようになります。「○○さんからこの商品を買いたい」というようになるのです。

したがって、集客を考えるのであれば、「この人なら気軽に聞けそうだ」と思わせるスタッフのキャラクターを演出して打ち出すことで、効果が出てきます。

キャラクター力というのは、消費者に愛着を感じさせることで、集客力をアップする効果があります。次項より、事例をまじえて、詳しく「キャラクター集客効果」を紹介していきましょう。

あ!! あそこで買おう

8-2

「企業キャラクター」による集客効果

◎キャラクターでやさしいイメージを印象づける

地味な商売になればなるほど、明るいイメージをつくることで集客効果が期待できます。例えば、自動車学校のような堅いイメージがある場合、気軽に来校して相談することには、抵抗があるものです。

そこで、次ページのチラシのように「さくらちゃん」という親しみやすいキャラクターをチラシに入れることで、やさしいイメージが印象づけられます。

実際、上野自動車学校が「さくらちゃん」キャラクターのチラシを折込むようにしたところ、免許取得の相談に来る人が2倍になったようです。その結果、入校者数が150%アップになり、好業績になりました。

CMでも同じですが、商品の内容に関係なく、キャラクターのインパクトで話題になり、ブームが起こって一時的にヒット商品なるケースは少なくはありません。

キャラクターというのは、消費者に支持されると、絶大の集客効果があるのです。特に子供や女性をターゲットにしている商売ではマーケティング上、必須になってきています。

◎ディズニーキャラクターをイメージして

消費者に支持されるキャラクターをつくる際は、世界的支持を得ているディズニーをイメージしてほしいと思います。

具体的なポイントとして、次の3点があります。

- **ほほえむ表情**
- **太めで頭デッカチ**
- **暖かい色づかい**

最低この3つは考慮に入れることで、愛らしいキャラクターができるはずです。

キャラクターができたら、チラシの紙面上で、キャラクターが商品説明やサービス説明をすることにより、堅いことも柔らかく表現されるようになります。それにより、女性にも手に取って見てもらえるようになります。

「安さ訴求」「価値訴求」だけで集客できる時代ではありません。キャラクターによるカワイイ訴求も重要な集客要素になってきています。

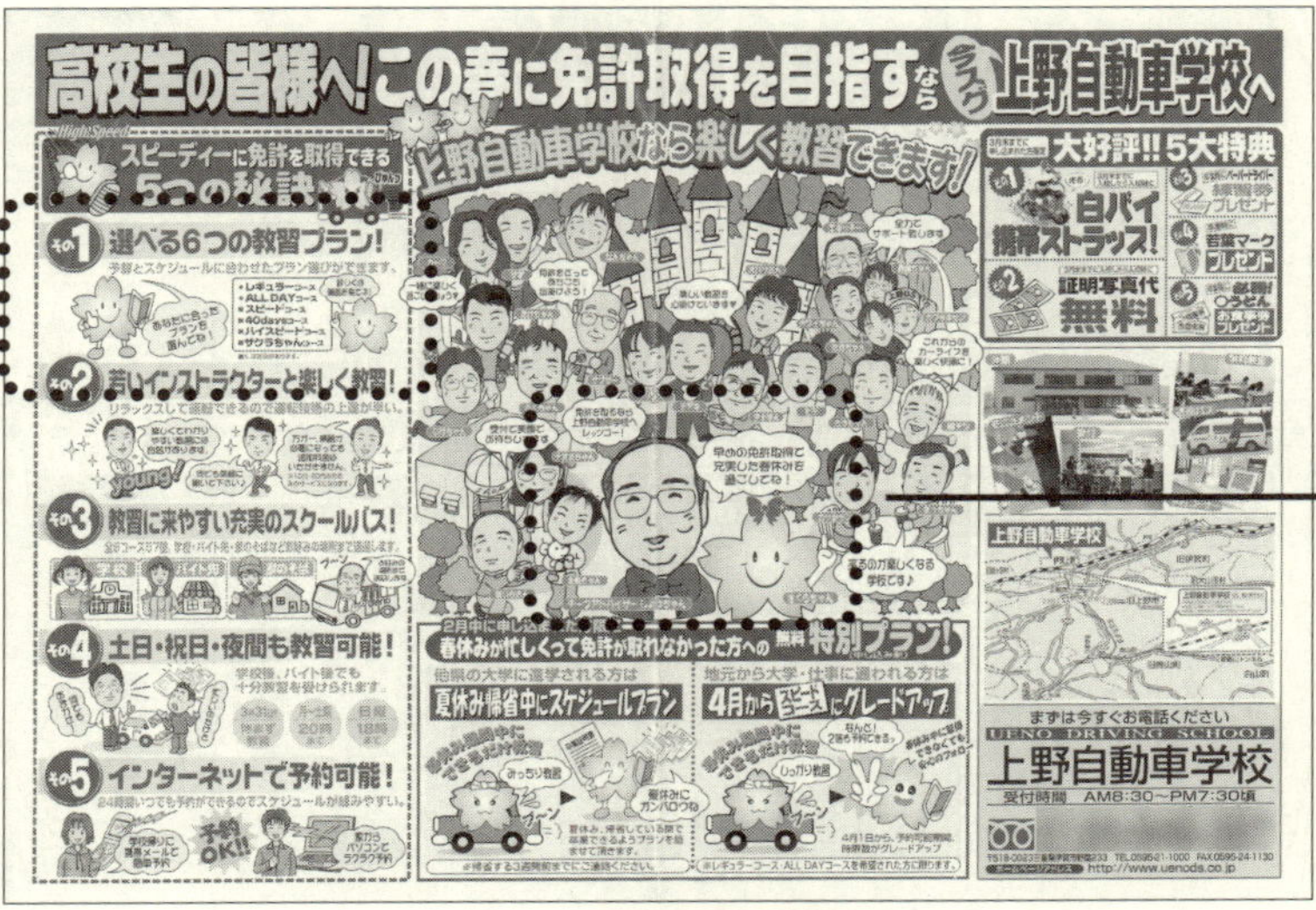
高校生の皆様へ!この春に免許取得を目指すなら 上野自動車学校へ
上野自動車学校なら楽しく教習できます!
スピーディーに免許を取得できる 5つの秘訣
その1 選べる6つの教習プラン!
その2 若いインストラクターと楽しく教習!
その3 教習に来やすい充実のスクールバス!
その4 土日・祝日・夜間も教習可能!
その5 インターネットで予約可能!
大好評!! 5大特典
白バイ携帯ストラップ!
証明写真代無料
春休みが忙しくって免許が取れなかった方への 特別プラン!
夏休み帰省中にスケジュールプラン
4月から スピードコース にグレードアップ
まずは今すぐお電話ください
UENO DRIVING SCHOOL
上野自動車学校
受付時間 AM8:30〜PM7:30頃

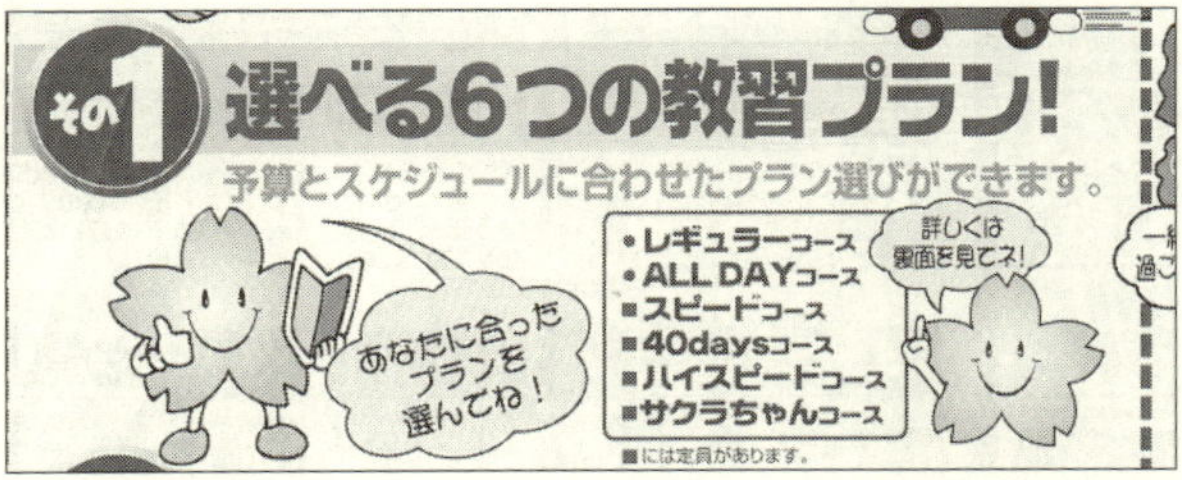
その1 選べる6つの教習プラン!
予算とスケジュールに合わせたプラン選びができます。
あなたに合ったプランを選んでね!
•レギュラーコース
•ALL DAYコース
■スピードコース
■40daysコース
■ハイスピードコース
■サクラちゃんコース
■には定員があります。
詳しくは裏面を見てネ!

愛らしいさくらちゃんを入れることでコンテンツが目に入りやすくなる

ヤブサー
プリンス
チアキ
タナやん
ヒデ
免許を取るなら上野自動車学校へレッツゴー!
早めの免許取得で充実した春休みを過ごしてね!
カッシャン
さくらちゃん
ーフアドバイザー しょうちゃん

さくらちゃんを入れると堅いイメージのある自動車学校も楽しそうに見える

「社長キャラクター」による集客効果

◎社長キャラクターで消費者との距離を縮める

地域密着で勝負している店では、「社長の顔」がきわめて重要になります。トップみずからが販売の第一線で頑張っているのをアピールすることで、消費者に好感を持ってもらえます。

そして、それをセルフプロモーションして、キャラクター化することで、集客効果が出てきます。

次ページの家具の宝島では、社長がバイキングの格好をして「おもしろ社長」というキャラクターで集客しています。滝下社長は、テレビ番組やラジオ番組にも出演して、「のぶちゃんマン」というキャラクターを売り、認知度を上げていきました。さらにチラシを折込むことで、その相乗効果により、集客を最大限に上げることを実現しています。

社長というのは、消費者からすると一般的に近寄りがたい存在に見えます。しかし、そう思われているのは、店と消費者の間に距離感があるということなのです。

宝島家具店のように社長をキャラクター化することは、消費者との距離を縮めることの一環なのです。そして、キャラクターにマンガに出てくるような衣装を着させることにより、消費者に向けての社長の熱意、会社の熱意を感じてもらう効果も狙っています。

◎社長は店の宣伝マンで集客要素でもある

チラシを見ると、愛らしい滝下社長が、商品を紹介したり、店を紹介しています。滝下社長のいるところに、どうしても目がいってしまい、それに興味を持ってしまいます。キャラクター化した社長というのは、チラシのキャッチなインパクトもありますが、知ってほしい商品やサービスを伝える力もあるのです。

中小の会社は、ただ単に商品やサービスで打ち出しても売れません。それで売れるのは、大手だけです。

中小の会社は、社長が店の宣伝マンであり、集客要素でなくてはなりません。消費者は小さな店で買い物する時、社長の顔、店主の顔を信用して買います。したがって、それを最大限に活かす演出をするためにも社長のキャラクターが重要になるのです。

社長のキャラクター力で話題性をつくり、ファンを獲得している。実際、売り場でもバイキングの格好をして接客している

8-4

「ちょっと待った！社長」による集客効果

◎「ちょっと待った！キャラクター」のインパクト

いくらよい企画のチラシでも見てもらえなければ、意味がありません。

チラシを見てもらうには、パッと目を引くインパクトのある仕掛けが必要となります。次ページのリフォーム会社Nのチラシは、キャラクターのインパクトにより、反響数を獲得しています。

チラシのキャラクター「ちょっと待った！社長」は、動いている人を一瞬止める「動作」と「コトバ」からできています。

動作で人を止めるのであれば、車を誘導している時やここへ来るなと止めたりする時のように、手のひらを前に出します。

また、コトバであれば、人を呼び止めたり、作業を止めたりする時には「ちょっと待った」と言います。

そんな人間の心理を取り入れて、キャラクターにすることにより、チラシに目をとめてもらう確率が上がってくるのです。

◎「ちょっと待った！キャラクター」で注意訴求

「ちょっと待った！社長」は、タイトルのキャッチコピーと連動すると、抜群の効果があります。

N社はこのキャラクターを使って、タイトルのキャッチコピーを「ちょっと待った！　追加料金を頂きません」と入れたリフォームのチラシを折込みしました。

その結果、他店の工事で追加料金を取るシステムに不満があるお客様から評価され、業績を伸ばすきっかけになりました。実際、この効果により、他社で商談中、または契約寸前という方の見積依頼が急増しました。

そして、「ちょっと待った！社長」は、消費者に伝えたい「注意」「警告」のキャッチコピーを加えると、強烈な印象を与えることができます。

キャラクターを上手に活用すれば、すごい宣伝マンになります。「ちょっと待った！社長」のように人間の心理をうまく利用すれば、集客効果を格段に上げることができるのです。

「ちょっと待った！社長」で消費者の目をとめて、タイトルで他店との違いを伝えることで集客効果が格段に上がったチラシ

8-5

「スタッフのキャラクター」による集客効果

◎スタッフのキャラクターのインパクト

商品が高額になるほど、「この商品はほしいけど、Aさんからは買いたくない」「どうせ買うなら、Bさんから買いたい」という現象が起きてきます。高額品の販売では、この現象を制することが重要ポイントになってきます。

次ページのHONDAディーラーのチラシは、消費者に「○○さんから買いたい」と思わせる演出で、集客効果を上げています。

このチラシでは、スタッフがお客様にとって「かわいい存在」であるというスタッフのキャラクターを強調して、集客効果を上げているのです。

「新春大感謝」の時は、新春にちなんで、その年の干支である亥《いのしし》のコスプレで社員を登場させました。普通、そんな格好は「やれば受ける」と言われても、そうそうできるものではありません。しかも、ただそれをしているのではなく、それぞれのスタッフがユニークな表情をして、愛嬌《あいきょう》を振りまいていました。

◎キャラクターのパーソナル訴求

チラシには、お客様にもっとキャラクターのパーソナル性を印象づけるため、スタッフがそれぞれメッセージを入れています。

内容は、仕事的なことよりプライベートなメッセージになっています。例えば、私の夢として、「家族4人で旅行したい。ダイエットにチャレンジします」と入っています。

それによりスタッフの「人がら」を知ってもらい、お客様に「近さ」を印象づけられます。「人間臭く」思われることも「かわいさ」につながっていくのです。

このチラシを見た消費者は、スタッフのキャラクターのかわいさを見て「楽しそう」と感じ、「この人たちに車のことを相談してみたい」「この店のイベントに行ってみたい」という気持ちになってきます。

「この人たちに会ってみたい」「この人に会いたい」と思わせるスタッフのキャラクターを演出することも、集客を上げる重要なポイントなのです。

社員にコスプレさせることで愛らしく感じてもらえる

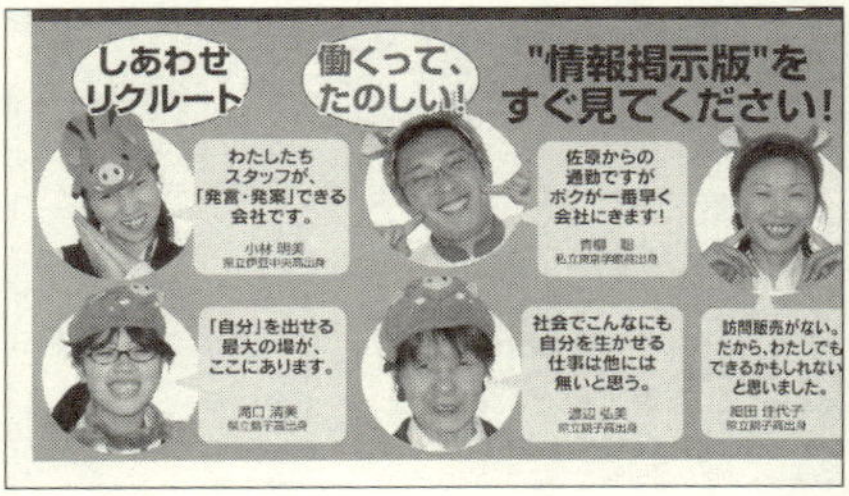

しあわせリクルート
働くって、たのしい！
"情報掲示版"をすぐ見てください！
わたしたちスタッフが「発言・発案」できる会社です。
佐原からの通勤ですがボクが一番早く会社にきます！
「自分」を出せる最大の場が、ここにあります。
社会でこんなにも自分を生かせる仕事は他には無いと思う。
訪問販売がない。だから、わたしでもできるかもしれないと思いました。

愛と青春のホンダカーズ銚子東
ボクら、「新卒」ディーラー採検隊だぁ！
友情 家族愛
細田の「おしゃべり」パーキングレッスン
飛びます クレジット
自動車保険は、母の愛が決め手です。
愛情いっぱいのご家族を応援できて、しあわせです♪
ホームページなら、毎週、最新情報がみれる♪
Honda Cars 銚子東 松本店

バレンタインは愛の記念日
ホンダカーズ銚子東には愛があふれる！
ホンダの歴史は愛の深まり
Life は進化しています！
STEPWGN の家族思いはますます深まる
平成19年2月20日発売決定！
お買い得
皆様に愛されつづける VAMOS です♪
'工具チョコ'
愛の予感！
Honda Cars 銚子東 松本店

平成の愛を、ご来場でプレゼント。
大人も子どもも、うれしい
チョコフォンデュ試食会♪
Love
今回のイベントはチョコ大好きの滝口が企画しました。ご家族で、お友達で、あそびにきてください。みんなでワイワイおいしく盛り上がりましょう♪
3(土)・4(日)・10(土)・11(日)・12(月)

来場特典がコスプレのスタッフを入れて紹介されることで強調される

8-6

「スタッフの顔」で商品への集客誘導

◎スタッフをチラシに登場させる

仏壇や墓石というのは、一生に一度の買い物であり、しかも価値が見えにくいので、いざ買うとなると慎重になります。そうなると、どうしても暖簾《のれん》のある店で買ってしまう傾向があります。

このような価値の伝えづらいビジネスでは、店でどのような人が応対してくれるかわからないと、来店しづらいという障壁があります。それを打開するには、チラシでの「人打ち」が絶大な効果があります。

次ページのM仏壇店のチラシでは、販売するスタッフを登場させることで、商品集客の効果を上げています。

このチラシには、2つのポイントがあります。

1つめのポイントは、スタッフをチラシに登場させることで、消費者から来店する抵抗感を払拭《ふっしょく》することです。仏壇を売るスタッフのイメージとして、暗い感じのおじさんやおばさんが応対すると思っている消費者が一般的です。そのイメージが、気軽に店に行くことに抵抗を感じさせてしまいます。

M仏壇店では、そうしたイメージを払拭するために、フレッシュなスタッフを中心にチラシに登場させました。店に明るいイメージを与えることで、来店のしやすさを強調したのです。

◎スタッフが顔を載せて「おすすめ理由」を話す

このチラシのもう1つのポイントは、店の「売れ筋商品」「おすすめ商品」について、スタッフが顔を載せて「おすすめ理由」を話すように表現していることです。

その効果により、商品に興味を持ってもらい、集客が安定的に上がっています。実際、チラシ上でスタッフが勧めている商品は、売れ個数が1・5倍以上になっているのがほとんどです。ただセールスポイントを載せていた時より、売れ個数が確実に伸びているのです。

価値の見えにくい商品へ集客するには、人相のよいスタッフが、一生懸命に商品をお勧めすれば、このチラシのように、集客効果が上がってきます。売場だけが「スタッフ力」を必要としているのではなく、チラシにも必要とされているのです。

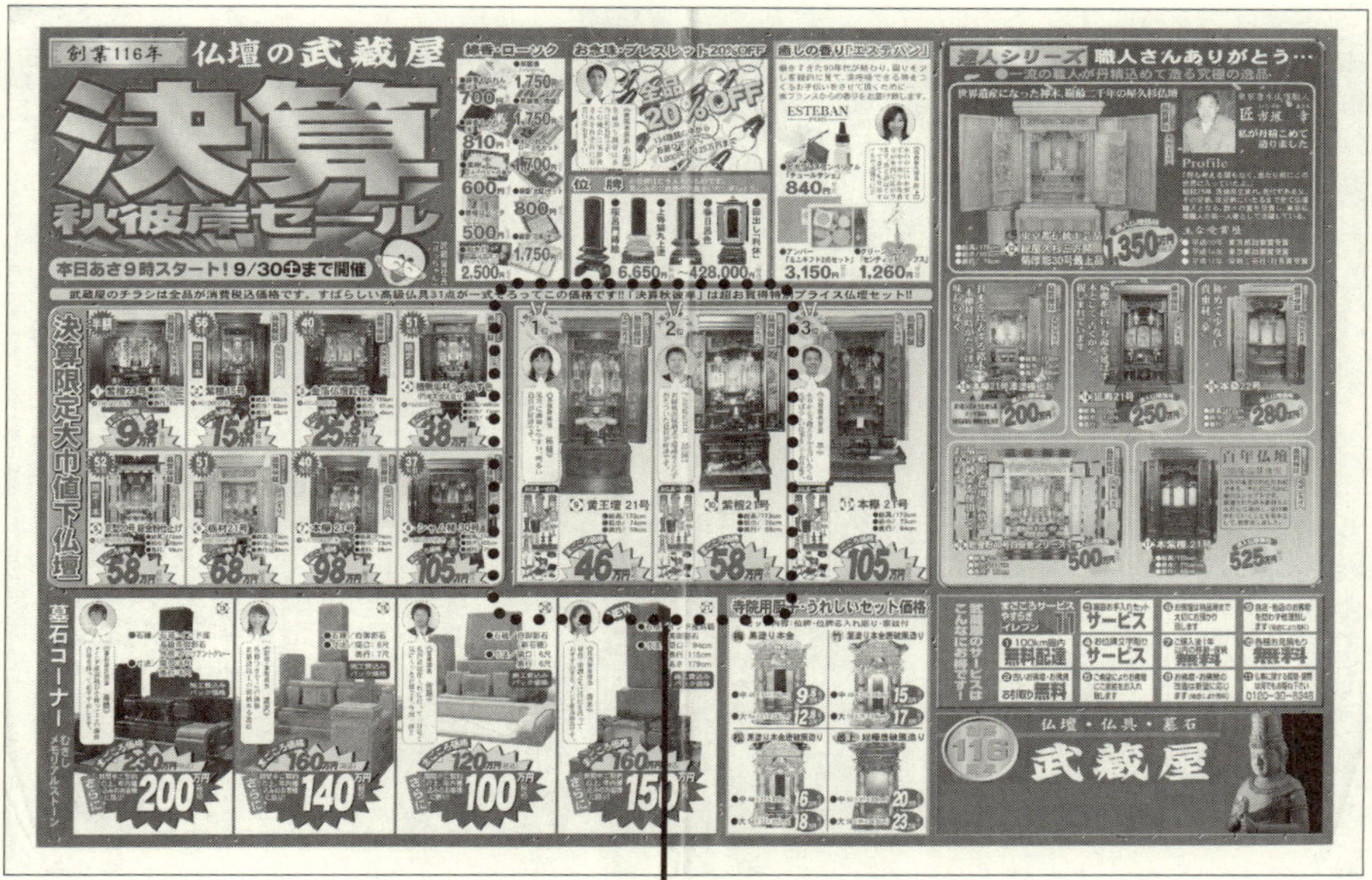

商品の価値のおすすめをスタッフに話させるようにすると、読んでもらいやすくなる

8-7

「漫画ドラマ」チラシで誘導集客

リーダーが主役になり、キャラクターになることによって、店の熱意が伝わり、あまり興味のない人にも注目してもらう効果があるのです。

◎「漫画ドラマ」チラシのストーリー力

チラシでは、主役となるリーダーを中心としたイベントやセールをするまでの経緯であったり、背景であったりを、おもしろおかしくしてストーリーをたてます。

ストーリーの基本パターンとしては、大義名分から始まって、開催の思い、特典・目玉がきて、最後にお願いがくるという流れを押さえなくてはなりません。

実際、ストーリーの中で、セールやイベントを開催するまでの企画会議のエピソード、リーダー（主役）の頭の中も漫画で描いていきます。連続ドラマの予告のように、盛り上がりだけを見せて、結論は見せないことがポイントです。それが消費者を引きつけるのです。

「漫画ドラマ」チラシは、キャラクター力、ストーリー力により、企画の特典・目玉のパワーが加わり、集客に絶大な効果が生まれるのです。

◎「漫画ドラマ」チラシのキャラクター力

連続テレビドラマを見ていると、必ず盛り上がったシーンで終わるので、どうしても次の週も見てしまいます。このドラマ効果をうまく利用することで、集客効果を上げることができます。

次ページのM農機具店のチラシは、その効果を上手に使った「漫画ドラマ」チラシです。これにより、前年比1・5倍以上の販売台数に伸ばすことに成功しました。

「漫画ドラマ」チラシで成功するには、2つポイントがあります。

まず、「漫画ドラマ」チラシで成功するには、社長なり、店長なりが主役のキャラクターになってストーリーをつくることがポイントです。そして、場面場面で、オーバーなリアクションをした顔を載せることがポイントになります。

M農機具店のように、顔は写真、胴体が漫画というのが、消費者にとって一番好感が持てるようです。どうしても恥ずかしい場合は、オール漫画でもかまいません。

今年もやります。宮口技研 超トク春のウルトラ大展示会 2/18(土)
2月といったら？
宮口技研のイベント
ドッゴォン
ナナニィ〜！
やっぱりサラダが売れすぎじゃー！
ウチは当地区でホンダのサラダをメーカー直仕入れできる唯一の特約店なのです！
ジャジャーン！
超お買得キャンペーン
そこで考えたのが
島根でイチバン安い！
展示会価格！
こんな価格じゃ利益ナシ。けれど、この時期に買うお客様を応援したいから、この日だけ、涙がちょちょ切れる思いで奉仕します。
さらに！
下取り特価！
中古管理機が不足してます！すぐに使える管理機であれば、下の価格で下取りさせてもらいます。これも史上最大の安さ！
中古の品揃え島根No.1！
来店するともらえるプレゼントも！
欲しかったあの農機が！
うれしい企画がめじろ押し！
まだかな〜
まだかな〜。
そして…
当日キタ——(゜∀゜)——!!
HONDA
2月18日に既に予定が入っている方キャンセルして、宮口技研に来て下さ〜い
来るだけでお得なプレゼント
農作業で大活躍！
イボイボ付き軍手
珍しいもの、食べよう！春編
炭火を囲んで、海の幸とおにぎりでおなかも大満足！
はまぐり
さざえ
トラクター
GB155
この近隣で使い勝手の良い15馬力
展示会大特価！
田植機展示
SPU45P
展示会大特価！
JC4
展示会大特価！
HONDA サラダ超お買い得コーナー
FF500
通常198,000円
展示会価格 188,000円 税別
どこよりも安い！ 下取り価格 184,000円 税別
FF300
通常145,000円
展示会価格 135,000円 税別
どこよりも安い！ 下取り価格 128,000円 税別
FG201
通常68,800円
展示会価格 64,800円 税別
下取り価格 62,800円 税別
超トク！均一ワゴンセール
500円均一
1,000円均一
2,000円均一
エンジンオイル チップソー、ガソリンタンク、キャブなどが驚くほど安い！早い者勝ち！
各種オイル売り切れたらごめんセール
安い！
またまた
新企画

イベントにいたるまでを「漫画ドラマ」にすることで会社の意欲が伝わり、消費者に期待感を持たせることができる

9章

売れる名物商品・名物企画の法則

あなたの宝石のお悩み
この夏！伸ばし
こんなお悩み解決し
日本の暮らしは
ここまできたのか。
自然とともに
時間が刻まれる生活。
未使用車

「商品へのこだわり」から生まれる集客力

売り手の「商品へのこだわり」は集客力になります。商品の価値をただ伝えるのではなく、「特別」「思い」「評判」という3つの商品へのこだわりを伝えることで、価値のバリューアップ効果により集客が格段に上がるのです。

◎「特別」によるバリューアップ

「この店にしかない」という商品をつくると、消費者は試したくなります。具体的には、「同じ値段で1・5倍の大きさ」「オリジナル技術がある商品」「この日しか買えない商品」などになります。

こうした「特別な価値」をつくることで、売る側が感じる以上の価値を消費者は感じます。その効果が、集客力を上げます。

◎「思い」によるバリューアップ

素材を選ぶこだわり、デザインのこだわり、技術のこだわりをただ解説しても、消費者に伝わるわけではありません。そんな専門的な解説よりも、「お客様への思い」を伝えることが重要です。

「お客様に○○で喜んでほしい」「お客様に○○で納得されたい」という素直な思いが、消費者の心を動かします。

この思いが強くなるほど、価値のバリューアップが高くなってくるのです。

◎「評判」によるバリューアップ

価値のバリューアップの決め手は、話題になったり、お客様に支持されたりする「評判」です。実は、これが一番の効果があるのです。

人は、初めての店で、初めてのものを買う時には不安がいっぱいです。しかし、「使った人の評判がいい」「芸能人の○○さんが使っている」となると、不安よりもステイタスを感じることになります。

それが大きくなると、価値のバリューアップが高くなってくるのです。

商品の集客力は、価値を高く見せる演出次第で、効果が大きく変わってきます。次項から、チラシで商品価値のバリューアップする事例を紹介していきましょう。

あれ評判いいのよね
絶対欲しいわ
バリューアップ

9-2

「プレミア演出」で集客力アップ

◎「価格」ではなく「プレミア」を伝える

小売業がチラシによる集客を行う場合、今でもワンアイテムの商品でその効果は決まってきます。しかし、そのアイテムの「価格」だけで集客することは、集客効果が弱くなってきています。

価格に代わる集客するポイントは、商品の「プレミア」を伝えることです。いかにして、自店が取り扱っている商品を話題にさせるかのテクニックが必要となります。

次ページの酒店T社は、「商品のプレミア」を伝えるチラシに切り替えることで、安定した集客を実現することができました。

◎TV、雑誌を利用するプレミア

どんなによい商品でも、ただ価値を伝えるだけでは、消費者には伝わりません。それを手っ取り早く伝える方法として、マスコミを利用すると効果的です。

TV、新聞、雑誌で有名人が取り上げた商品となると、消費者は必ず興味を示します。次ページのチラシは、「TV・雑誌で有名なタレントや料理研究家が絶賛!!」と掲載して商品を紹介することで、効果を上げることができました。

◎有名人を利用するプレミア

さらに商品を紹介するのに、どの番組で、どの有名人に紹介されているかを載せています。

「人気女性誌○○に掲載!!」「○○さんが番組で絶賛!!」というコピーを入れて、紹介された理由を載せるようにしています。

これにより、「○○の番組に紹介されたものがほしい」と言って、お客様が来店するようになりました。

実際、チラシに載っている商品は決してメジャーな商品ではありません。どちらかと言えば、知る人は知るニッチ商品です。したがって、取り扱う店が少ないので、上手にプレミアを演出することで、他店と競合せずに集客で優位に立てるのです。

雑誌やTVの情報が消費者を動かします。それをうまく利用して、チラシを使って話題を広げることにより、優位に集客ができるのです。

TV・雑誌で有名なタレントや料理研究家が絶賛!!
黒糖寒天こんぶ
[170g] 税込 198円
関西テレビ「2時ワクッ!」で大絶賛!!
寺岡家のたまごにかけるお醤油
[150g] 税込 298円
神戸ぷるっこ
よこすか海軍カレー 840円
本格焼酎
甕幻 いも焼酎 かめまぼろし
1,995円
新潟県 八海山
庄三郎遺選
梅酒
この夏オススメのスパークリングワイン
グリーン・ポイント
オリオル・ロッセール・キュヴェ・スペシャル
モンサラ・カバ・セミセック

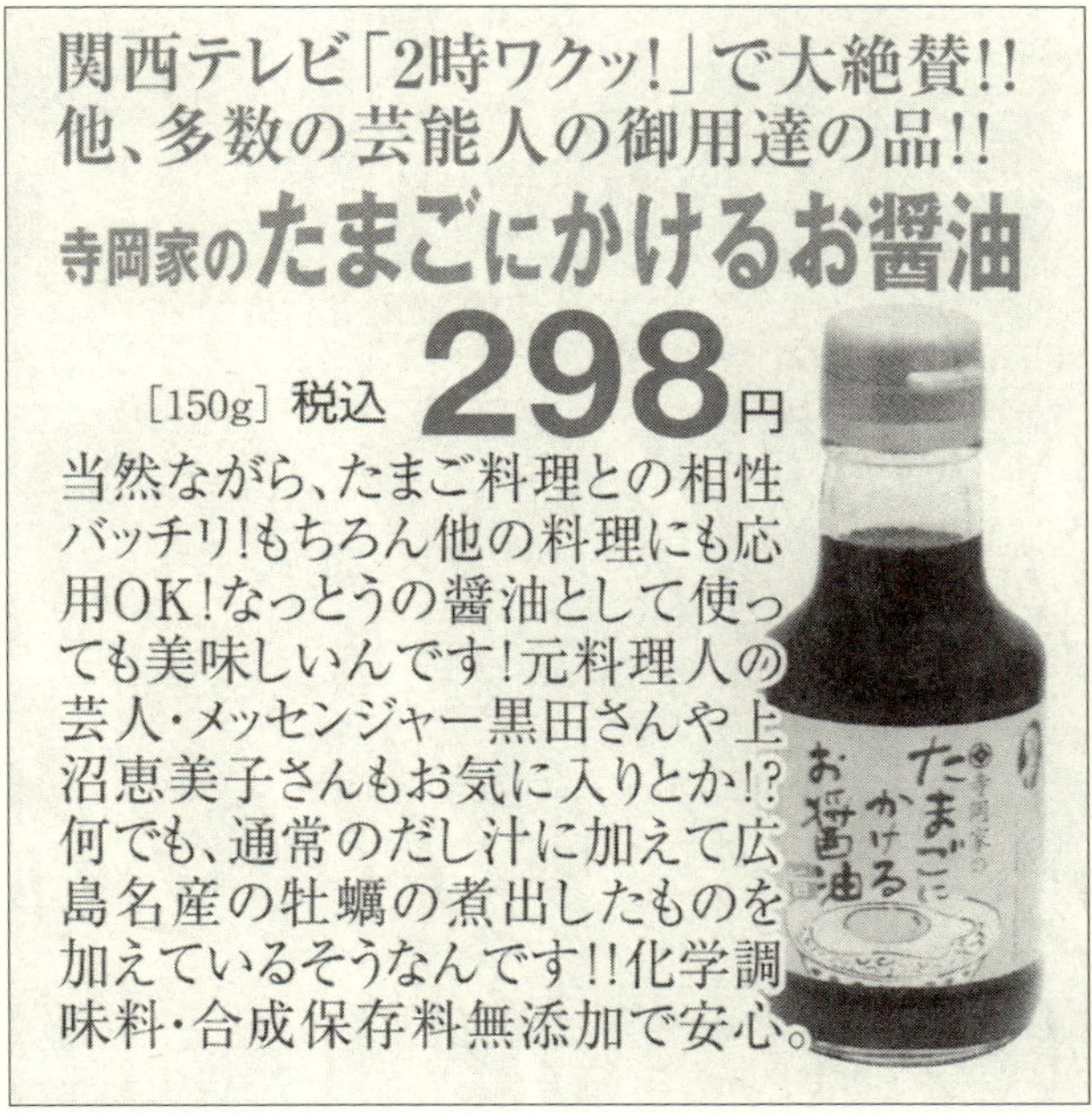
関西テレビ「2時ワクッ!」で大絶賛!!
他、多数の芸能人の御用達の品!!
寺岡家のたまごにかけるお醤油
[150g] 税込 298円
当然ながら、たまご料理との相性バッチリ!もちろん他の料理にも応用OK!なっとうの醤油として使っても美味しいんです!元料理人の芸人・メッセンジャー黒田さんや上沼恵美子さんもお気に入りとか!?何でも、通常のだし汁に加えて広島名産の牡蠣の煮出したものを加えているそうなんです!!化学調味料・合成保存料無添加で安心。
寺岡家の たまごにかける お醤油

TV・雑誌で紹介された実績を載せることにより、価値にプレミア効果が出てくる

9-3

「ヒット商品」で集客力アップ

◎消費者にしつこく、わかりやすく伝える

価値があいまいな商品では、平凡な売上しかつくれません。「ヒット商品」というのは、明確な価値を伝えているからこそ、売れるのです。

したがって、ただ漠然と売るのではなく、商品の価値を因数分解して、消費者にしつこく、しかもわかりやすく伝えることが、ヒット商品をつくるうえで不可欠なポイントです。

次ページのチラシは、Eベーカリー店が店内で配るチラシです。これを配ることで新商品をジワジワと認知させ、ヒット商品に育てた事例です。

◎価値のインパクト

この店内チラシは、50円のミニクロワッサンを特集しています。これにより、たった50円なのに、ここまで価値が詰まっているのかと評価されて、ヒット商品になっています。

普通のチラシであれば、1つの商品に1つの価値を載せます。しかしこのチラシは、1つの商品にたくさんの価値を載せています。価値のインパクトを与えることで、より値頃感を出しているのです。

◎こだわり価値の訴求

店内チラシに載っているクロワッサンは、本物志向の素材へのこだわりを訴求しています。特に国産、無添加の素材を強調しています。

素材の価値を丁寧に伝えることで、ただのクロワッサンではなく、特別なものであると、来店したお客様へ印象づけられます。そうなれば、「一度試してみよう」ということで売れるようになります。

素材へのこだわりを伝えることで、お客様に「価値／価格」が高いと印象を与えられます。それにより、商品に集客力が出てくるのです。

ヒット商品というのは、商品が認知されるだけでヒットするのではありません。商品の「こだわりの価値」を認知されることが重要なのです。

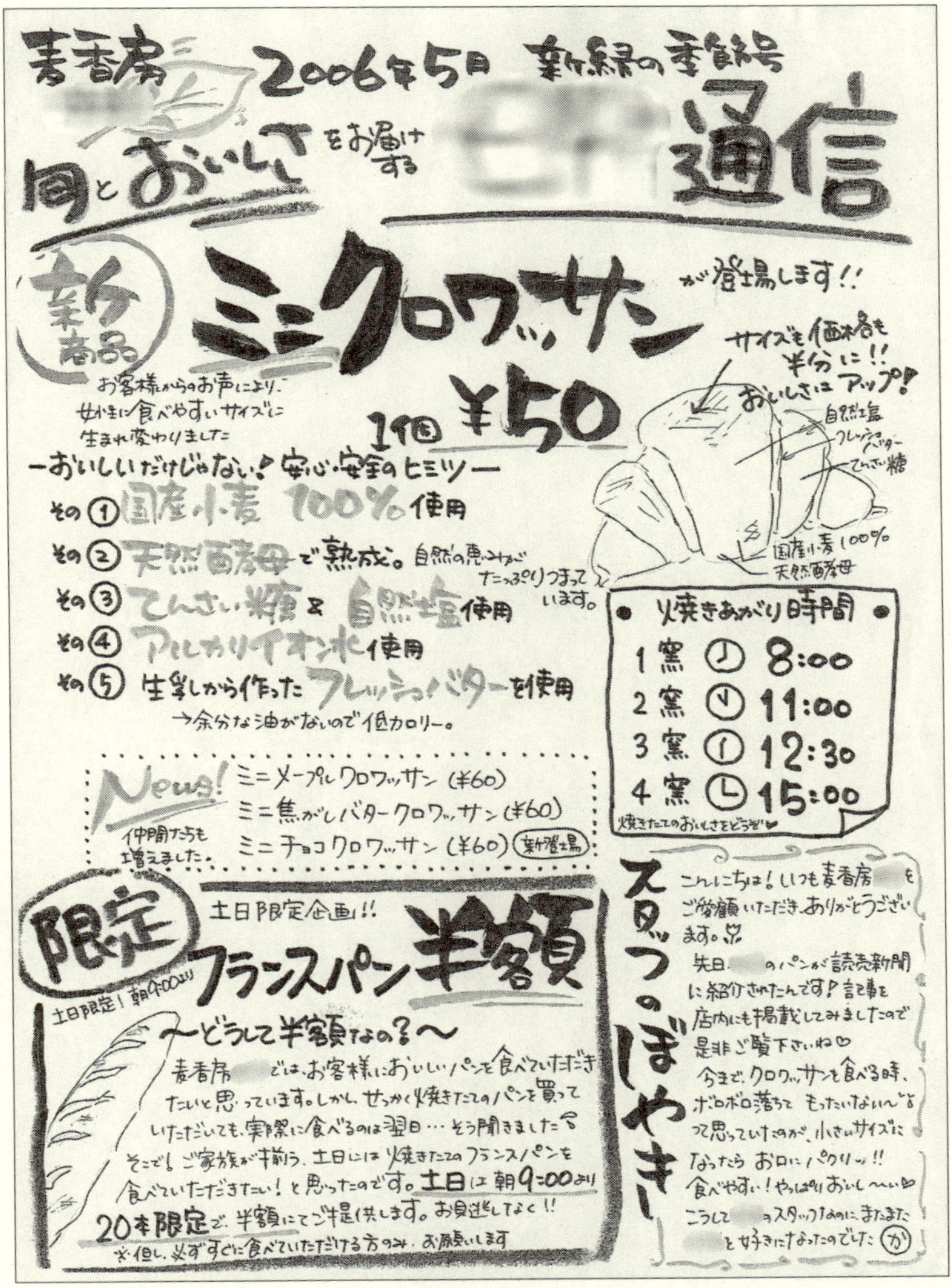
麦香房
2006年5月 新緑の季節号
旬とおいしさをお届けする
通信
新商品
ミニクロワッサンが登場します!!
お客様からのお声により、
女性に食べやすいサイズに
生まれ変わりました
1個 ¥50
サイズも価格も
半分に!!
おいしさはアップ!
自然塩
フレッシュバター
てんさい糖
国産小麦100%
天然酵母
ーおいしいだけじゃない! 安心・安全のヒミツー
その① 国産小麦 100% 使用
その② 天然酵母で熟成。自然の恵みがたっぷりつまっています。
その③ てんさい糖 & 自然塩使用
その④ アルカリイオン水使用
その⑤ 生乳から作ったフレッシュバターを使用
→余分な油がないので低カロリー。
焼きあがり時間
1窯 8:00
2窯 11:00
3窯 12:30
4窯 15:00
焼きたてのおいしさをどうぞ♥
News!
仲間たちも増えました。
ミニメープルクロワッサン(¥60)
ミニ焦がしバタークロワッサン(¥60)
ミニチョコクロワッサン(¥60) 新登場
限定
土日限定企画!!
フランスパン半額
土日限定! 朝9:00より
〜どうして半額なの?〜
麦香房 では、お客様においしいパンを食べていただきたいと思っています。しかし、せっかく焼きたてのパンを買っていただいても、実際に食べるのは翌日…そう聞きました。
そこで、ご家族が揃う、土日には焼きたてのフランスパンを食べていただきたい! と思ったのです。土日は朝9:00より20本限定で、半額にてご提供します。お見逃しなく!!
※但し、必ずすぐに食べていただける方のみ、お願いします
スタッフのぼやき
こんにちは! いつも麦香房 をご愛顧いただき、ありがとうございます。
先日 のパンが読売新聞に紹介されたんです! 記事を店内にも掲載してみましたので是非ご覧下さいね♥
今まで、クロワッサンを食べる時、ボロボロ落ちて もったいないな〜って思っていたのが、小さいサイズになったら お口にパクリッ!! 食べやすい! やっぱりおいし〜い♥
こうして のスタッフなのに、またまた を好きになったのでした か

低価格の商品は価値をしつこく、わかりやすく伝えることでお得感を最大限に上げ、ヒット商品となり集客力がアップする

9-4 「デザインのこだわり」で集客力アップ

◎「この人から買いたい」と思わせる

高額品の販売では、お客様に「この人から買いたい」と思わせることも重要な要素になります。作り手や売り手を名物、ブランドにすることで集客を上げることができるのです。

次ページのチラシは、福島県のオノヤリフォーム倶楽部が開催している「完成リフォーム見学会」のヒットチラシです。この会社は、リフォームアドバイザーを主役にし、「デザイン」を売りにしたリフォーム受注で成功しています。

◎「作り手」への共感

このチラシは、徹底的に個人（リフォームアドバイザー）を売って、「この人に会いたい」「この人からリフォームをしてもらいたい」という、パーソナル集客を実現しています。

チラシでは、リフォーム写真のそばにリフォームアドバイザーをデザイナー風に掲載して、仕事をする際の心情を伝えて共感を与えています。さらに、リフォームされたお客様からの「お礼のコトバ」を載せることにより、共感をよりアップさせています。

チラシの表面で、まずパーソナルブランドを構築しているのです。

◎「完成物語」への共感

チラシの裏面を見ると、お客様から相談を受けてから、工事完成までのリフォームの流れを紹介しています。リフォームを進めていく中でのお客様の思い、リフォームアドバイザーの思いが重なって、リフォームが完成していく臨場感をダイジェストで伝えています。

映画の予告編のように、結論に行く一歩手前まで紹介することで、消費者の「もっと見てみたい」「この人に会ってみたい」という欲求になります。

「デザイン」かという見えにくい価値を売る場合は、「誰がデザインした」かが重要になります。有名人であれば、顔と名前で集客できます。そうでない場合は、デザインの考え方に共感してもらうという、お客様との関係を伝えることが集客につながるのです。

ただ完成物件を紹介するではなく、
完成するまでの経緯を物語化する
ことで消費者の興味を大きくする

Onoya Style
自然と素足になりたくなる
白い珪藻土壁と無垢フローリングが
ウッドデッキに続く家
OPEN
オノヤ
リフォーム倶楽部
2006年 全国リフォームコンテスト入賞！
白河・郡山・須賀川エリアで工事実績10,000件！
マスコミからも注目！
完成 増改築現場見学会
2/24・25
栃木県那須町
デザインリフォームという選択
完成 増改築現場見学会
栃木県那須町
2/24土・25日
10:00～17:00
同時開催
当社デザイナーによる無料リフォーム相談会
ご来場プレゼント
ご来場のご家族に
リビングラック
をプレゼント
オノヤ
リフォーム倶楽部
白河店：白河市新白河1丁目100
郡山店：郡山市備前舘2丁目96
須賀川店：須賀川市池下23番地3
見学会案内図
現場
住所：栃木県那須町大字寺子乙（黒田原）

お客様が真に求めているもの
完成増
家族みんなが快適に暮らすために
ここが見どころです！
① 対面型のL型キッチン
② 癒しの間接照明
③ 造作棚
after
オノヤ
リフォーム倶楽部
高そうに見えるけれど手が届くOnoya Style
新しいライフスタイルを提案します。
Onoya Style
Onoya Style
建て替えリフォーム
483万円～
20坪のスタンダードプラン

9-5

「圧倒的大きさ」で集客力アップ

◎圧倒的な大きさには欲求をかきたてられる

人には、他のものと比べて、ズバ抜けているものを見ると試してみたいという心理がわいてきます。特に食べ物は、圧倒的な量、圧倒的な大きさを見ると欲求をかきたてられます。

次ページのチラシは、圧倒的な大きさの煎餅《せんべい》を一品訴求して、名物になっている越前海鮮倶楽部の通販チラシです。

◎「大きさ」のインパクト

このチラシに載っている「たこの姿焼きの煎餅」は、縦30センチ、横20センチくらいの煎餅で、他の煎餅と比べると3倍はあるダントツの大きさです。

「大きさ」のインパクトは、他と比べて1・5倍の大きさであれば、「量が増えたな」くらいにしか思ってもらえません。「本当にすごい」と思ってもらえるのは、他と比べ2倍の大きさからなのです。

この煎餅は、他の煎餅と比べ3倍の大きさがあるので、消費者が受けるインパクトはきわめて大きいと言えます。

このチラシでは、そのインパクトを消費者に最大限に与えるため、商品の写真を縮小せずに原寸大で載せています。実際の大きさを目で確かめてもらうことにより、興味がわいてくるからです。

◎「大きさ」の演出

さらに大きさのインパクトを演出するには、キャッチコピーの工夫が重要になってきます。このチラシには、その演出するために3つのポイントがあります。

1つ目は「日本初」で注目度を上げています。

2つ目は「こんな煎餅見たことない!!」の「見たことない」で商品の貴重性を演出しています。

3つ目は、「驚きの姿そのまま焼が新登場!!」の「驚き」で消費者の「試してみたい」という欲求をあおっています。

商品本来の価値もさることながら、商品のインパクトも重要です。集客するには、それを徹底的に演出することで効果を上げられるのです。

日本初
こんな煎餅見たことない!!
驚きの姿そのまま焼が新登場!!
足の付根は香ばしい風味と
ポリポリ感がうれしい。
頭はマイルドな
やさしい味も魅力。
原寸大
日本海石川県沖でとれる真だこを丸ごと
贅沢な味のお煎餅にしました。
げそには濃い旨味がたっぷり
詰まっています。
※自然の姿そのままを焼き上げていますので大きさや形が
1品ごとに異なります。ご了承ください。
※写真の姿そのまま焼は撮影用に焼いたもので、
お届けのものは足が割れにくくするため
まとめて焼き上げております。
たこ姿そのまま焼
L.5 1,575円（税込）化粧箱入り1枚
縦34cm×横24.3cm×高さ2cm
賞味期限3ヶ月 注文製造品
話題沸騰中!!

こんな煎餅見たことない!!

日本有数の美食の郷、福井三国から選りすぐりの旨いもんをお届けする越前海鮮倶楽部。中でもエビや小魚などをまるごと焼き上げた「姿そのまま焼」は、皆様から多くのお褒めのお便りをいただいております。

そしてこの度、もっと美味しくもっと喜んでいただくために、大きなするめいかと真だこを加えました。一枚一枚ていねいに手焼き煎餅機に挟んで焼き、旨みと風味をしっかり閉じこめたその味わいはまさに絶品、私どもの自信作です。ぜひお試しください。

熟練の職人が3年かけて完成
独自開発の手焼き煎餅機。

秘伝の下味につけ込んで澱粉をまぶします。

1枚焼き上げるのに30分以上かかります。

そのまま一杯を焼き上げます。

「姿そのまま焼」は、独自開発の手焼き煎餅機③ではさみ焼きにして、その後乾燥に約3時間掛けてできあがり。素材の持つ水分や油分によって締め付け方や焼き加減を微妙に調整しないと爆発してしまいます。ですから、大きな素材ほど難しくなるのです。

この「たこ姿そのまま焼」と「いか姿そのまま焼」は、当社の誇る熟練の職人が試行錯誤を重ね、3年の年月を費やして遂に完成させたもの。つなぎの馬鈴薯でんぷんや下味付けにもこだわった、私たちが自信を持ってお届けする至極
（24時間受付）

越前海鮮倶楽部

原寸大の圧倒的な大きさで消費者の興味を引き、欲求がかきたてられるチラシ。越前海鮮倶楽部は他企業を交えて定期的な勉強会を実施し、チラシ・DMなど販促物の反響率を向上している

9-6

「職人のこだわり」で集客力アップ

◎食品は「作り手」のコトバが重要

食品はその味が価値になりますが、それをチラシの紙面上で表現することには限界があります。そこで、商品の「作り手」のコトバが重要なポイントになってくるのです。

次ページの酒造店の渡辺酒造店は、作り手のコトバをチラシにうまく活用して集客に貢献しています。

◎「作り手」のメッセージ訴求

チラシは、まず「納得するまで蔵から出すな」というコトバで、作り手の商品に対するこだわりを印象づけさせています。作り手が味に納得しなければ売らないとなると、「どんなおいしい酒なんだろう」と商品に興味を抱かせるようになります。

そして、「頑固なまでに妥協しない／こだわり社氏が仕込んだ蔵元の隠し酒です」のコトバが続いています。「頑固なまでに」「妥協しない」という堅いコトバを入れることで、商品の品質の高さへのこだわりが伝わり、さらに興味をわかせるようになっています。

◎「作り手」のこだわり訴求

下面には作り手の社氏の「作り手の思い」と「お客様からのファンレター」を載せています。

作り手の思いには、「こんな酒があるとどうして教えてくれなかったんだ！」という怒りのタイトルから始まっています。

タイトルで強烈な印象を与えることで、読んでもらう確率を上げることを考えているのです。作り手が伝えたい商品へのこだわりを読んでもらうことにより、消費者の興味が欲求に変わっていきます。

そして、「お客様からのファンレター」は、お客様の手紙だけでなく、手紙を社氏が読んでいる写真を載せて、感動の瞬間を伝えています。この写真を入れることにより、「お客様に愛されている商品」であることが伝わり、注文してみたくなるようになっています。

食品の一品訴求で集客する場合、商品の価値を並べたてても効果はありません。作り手が主役になったコトバが重要なポイントなのです。

作り手のこだわりをキャッチコピーにすることで興味を持ってもらう

「納得するまで蔵から出すな。」
頑固なまでに妥協しない
こだわり杜氏が仕込んだ
蔵元の隠し酒です。

「納得するまで蔵から出すな。」
頑固なまでに妥協しない
こだわり杜氏が仕込んだ
蔵元の隠し酒です。
お急ぎ下さい!!
限定3000本
解禁
世界酒類コンクール・モンドセレクション
5年連続金賞受賞蔵の特別限定酒
蓬莱　蔵元の隠し酒
番外品
1
渡辺酒造店
蔵元の隠し酒
番外品
〈飛騨地区限定販売品〉　1.8L詰　1本
○原料米：飛騨ほまれ
○精米歩合：60%
○日本酒度：+5
○アルコール分：15.8度
2,100円
（税込価格）

「こんな酒があると
どうして教えてくれなかったんだ！」

最近、私の友人からこんなおしかりの言葉をいただきました。「知っていたら、大切な晩酌の費用をムダにすることがなかったのに…。」私は申し訳なくて、頭を上げることができませんでした。

「飛騨古川にある渡辺酒造がすごいお酒を造った」と酒ツウの間で噂になって二年。「蔵元の隠し酒」は造ってもすぐに予約だけでアッという間に売り切れてしまい、一般のお客様はなかなか手に入れることが出来ませんでした。

日本酒本来の味の成分である吟味、旨味を最高に引き出したこのお酒は、辛口なのにお米の甘みと旨味がほんのりとのって、淡麗すぎるお酒とは異なる芯のある芳醇な辛口に仕上がっています。保存には新聞紙を一枚巻き、光を遮断して本来品評会に出品する最高の貯蔵管理方法で蔵出しいたします。どうぞ冷やまたはヌル燗にて出品酒を吟味する気持ちでお召し上がりください。

杜氏　板垣博司
お客様からファンレターが届く『蔵元の隠し酒』です。

いつも日本一旨いお酒をありがとうございます。

我が家では八十六歳の母がクスリ代わりに毎晩頂き、暮れにプレゼントした先様からは、「もう一度あのお酒を飲みたい」と催促されますっとにかく他店のお酒とは全く違う絶品です。お酒が飲めない人が口にすると、「こんなにお酒が美味しいとは。目から鱗だ…」と不思議がります。

これからも「人を幸せにするお酒」を造り続けてください。

（横浜市　南波壮二様）

お客様のお便りを読んで感謝感激！！

「感無量です!!」

こんなにもたくさんの方々からお喜びいただけるとは…

飛騨の酒

ファンレターで「愛されている商品」であることを伝え、それに加えて作り手の情熱を伝えることで消費者の欲求を大きくする

9-7

「目利きのこだわり」で集客力アップ

◎売り手と買い手の間にある価値の意識のギャップ

自分の店で売っている商品とは、店主の目利きにかなったものです。しかし、商品の価値が消費者に伝わらなければ、「ほしい」と言ってもらえません。

実は、価値のある商品ほど、消費者にその価値が伝っていないケースがほとんどです。つまり、売り手と買い手の間に価値の意識のギャップがあるのです。売り手の常識は、買い手にとって不思議なことだらけなのです。

価値のある商品を売っていきたいのであれば、売り手にプロの目利きをわかりやすく伝えることが、その第一歩になるのです。

◎ビジュアルの目利き

買い手である素人は、専門用語を並べて説明されると、なおさらわからなくなってきます。特にプロがうなるような細工や仕上げのような価値は全然わからないのです。

そこで、一番わかりやすく伝えられるのは、写真やイラストを使ったビジュアルです。次ページのように、商品の目利きのポイントを矢印で引っ張って解説すると、今まで知らなかったランドセルの価値がわかってきます。

価値を理解してくると、ただ安い、ただカッコイイだけの商品は買いたくなくなります。「価値のある商品」と意識されることで、客単価は上がってきます。

◎賛同する目利きコピー

ビジュアルを使ったチラシのキャッチコピーは、「買い手」の立場を表現することが重要です。上段に「お子様の安全を考えた失敗しないランドセル……」となっているように、親の気持ちにたったコピーにします。

そして、目利きポイントでは、「小さな肩にやさしい肩ベルト」「良い姿勢を保ち、体を保護する構造」という子供を持つ親が共感するコピーにしています。

目利きポイントは、売り手志向のコトバではなく、買い手志向のコトバにすることが大切です。それにより、「買い手」が価値に賛同しやすくなります。

このように「こだわりの価値」の商品を売るには、買い手と売り手の間の価値の意識ギャップをなくすことを一番に考えなくてはならないのです。

Original design
鞄工房山本のオリジナル設計
お子様の安全を考えた失敗しないランドセル選び7つのポイント
ポイント1 小さな肩にやさしい肩ベルト
ここが違います
ポイント2 ラクラク背鈑
ポイント3 自然にやさしい本革 撥水・耐傷加工革
ここが違います
ポイント6 錠前の下がり金具の先端に保護素材を取り付けた安全設計
ポイント7 前段口前ラウンド型
ポイント4 お子様の成長期、良い姿勢を保ち、体を保護する構造
本物志向
「鞄工房 山本」プロフィール
ポイント5 要所部分 手縫い仕上げ
製造者からの「失敗しないランドセル選びのポイント」

消費者にプロの目利きをわかりやすく伝えることで、まずは興味を持ってもらう

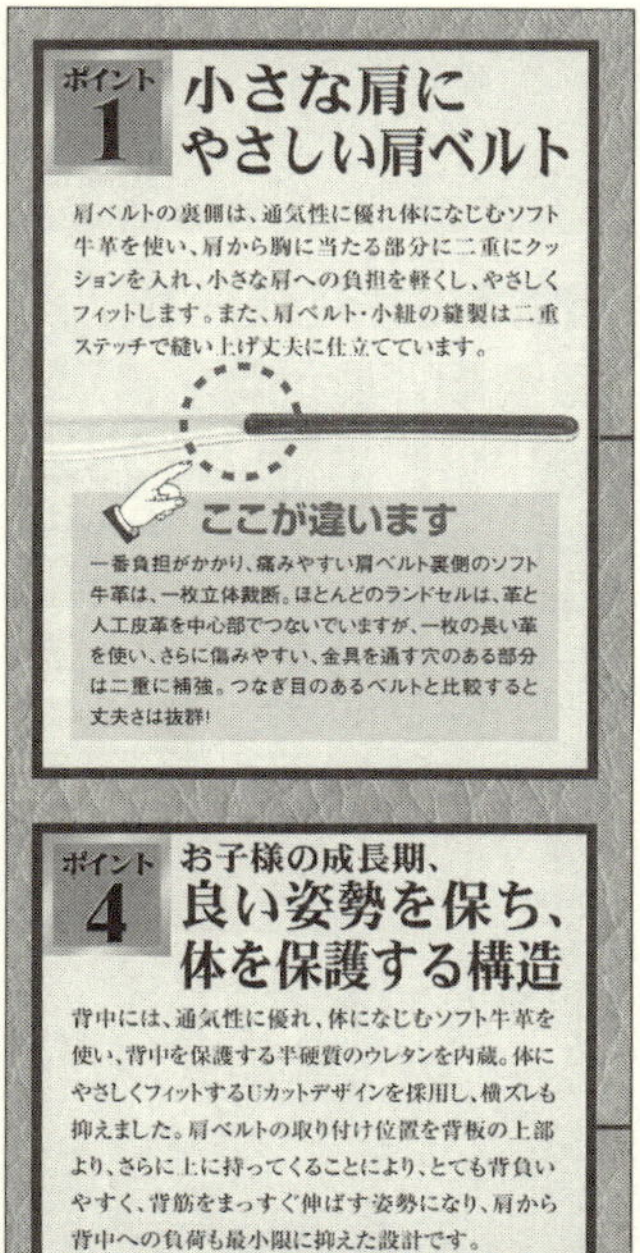

ポイント1 小さな肩にやさしい肩ベルト
肩ベルトの裏側は、通気性に優れ体になじむソフト牛革を使い、肩から胸に当たる部分に二重にクッションを入れ、小さな肩への負担を軽くし、やさしくフィットします。また、肩ベルト・小紐の縫製は二重ステッチで縫い上げ丈夫に仕立てています。
ここが違います
一番負担がかかり、痛みやすい肩ベルト裏側のソフト牛革は、一枚立体裁断。ほとんどのランドセルは、革と人工皮革を中心部でつないでいますが、一枚の長い革を使い、さらに傷みやすい、金具を通す穴のある部分は二重に補強。つなぎ目のあるベルトと比較すると丈夫さは抜群!
ポイント4 お子様の成長期、良い姿勢を保ち、体を保護する構造
背中には、通気性に優れ、体になじむソフト牛革を使い、背中を保護する半硬質のウレタンを内蔵。体にやさしくフィットするUカットデザインを採用し、横ズレも抑えました。肩ベルトの取り付け位置を背板の上部より、さらに上に持ってくることにより、とても背負いやすく、背筋をまっすぐ伸ばす姿勢になり、肩から背中への負荷も最小限に抑えた設計です。

賛同する目利きコピーで興味を引きつける

ただ文章だけで伝えるのではなく、写真やイラストでわかりやすく伝えることにより欲求をわかせる

9-8

「確かな商品構造力」で集客力アップ

◎包み隠さずにすべてを伝える

昨今、「ニセモノ」「ウソ」「偽造」「粉飾」を行う心ない会社に消費者は泣かされつづけています。こうした状況では、会社の裏側や商品の裏側までを包み隠さずに伝えることで集客効果を上げることができます。

次ページは、弊社が主催する「住宅・不動産チラシ・DM倶楽部」の会員、市川建築事務所のチラシです。商品の外見ではなく、商品の品質を支える内側に隠れた構造にクローズアップして集客しているチラシです。

◎商品構造がタイトル

タイトルから、いきなり「構造のよさ」のインパクトを与えています。「骨太、大黒柱八寸、野物末口八寸、通し柱五寸、菅柱四寸、ひのきの家」となっていて、構造への「こだわり」と「自信」が消費者に伝わって、興味を持ってもらうようにしています

◎価値を上げる構造演出

チラシの一等地には、完成見学会で公開する家の背景に構造の写真を載せています。これにより、消費者に家の価値を強く感じる効果を与えています。そして、強調するように、矢印で「末口八寸野物（丸太梁）」とコピーを入れています。この演出により、「一度見てみたい」と、欲求を芽生えさせるようにするのです。

◎構造から企業へ共感

最後に「家づくりの思い」に共感してもらうことで購買行動につなげます。「隠れているところに真実があります」という題名で設計担当者が登場して、メッセージを入れています。

書きはじめに消費者の不安である「耐震偽装」「偽計取引」「粉飾決算」のような用語を入れることで、消費者を引き込みやすくしています。そして、最後にお客様満足を上げる企業姿勢を入れて、共感させることで消費者の購買行動を促しています。

商品の外見ではなく、商品を支える構造をチラシで徹底して伝えることで、消費者の不安を解消して集客効果を上げます。このようなチラシは、高単価の商品を販売する有効的な手法と言えるでしょう。

構造の自信をタイトルにすることで興味を引きつける

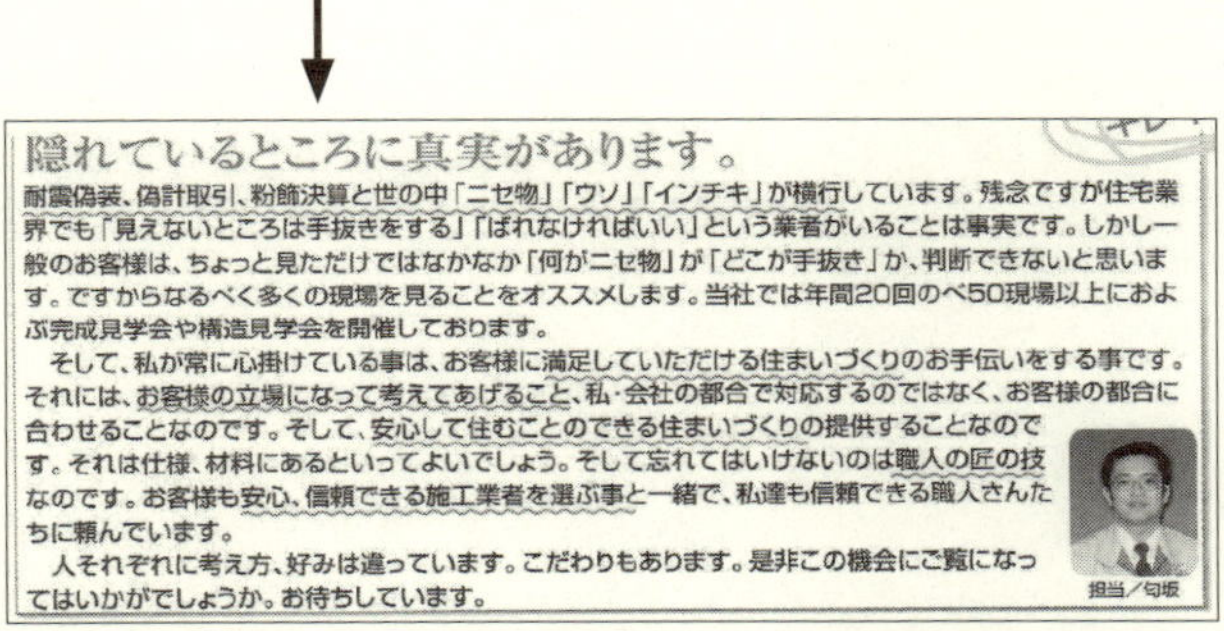

隠れているところに真実があります。

耐震偽装、偽計取引、粉飾決算と世の中「ニセ物」「ウソ」「インチキ」が横行しています。残念ですが住宅業界でも「見えないところは手抜きをする」「ばれなければいい」という業者がいることは事実です。しかし一般のお客様は、ちょっと見ただけではなかなか「何がニセ物」が「どこが手抜き」か、判断できないと思います。ですからなるべく多くの現場を見ることをオススメします。当社では年間20回のべ50現場以上におよぶ完成見学会や構造見学会を開催しております。

そして、私が常に心掛けている事は、お客様に満足していただける住まいづくりのお手伝いをする事です。それには、お客様の立場になって考えてあげること、私・会社の都合で対応するのではなく、お客様の都合に合わせることなのです。そして、安心して住むことのできる住まいづくりの提供することなのです。それは仕様、材料にあるといってよいでしょう。そして忘れてはいけないのは職人の匠の技なのです。お客様も安心、信頼できる施工業者を選ぶ事と一緒で、私達も信頼できる職人さんたちに頼んでいます。

人それぞれに考え方、好みは違っています。こだわりもあります。是非この機会にご覧になってはいかがでしょうか。お待ちしています。

担当／匂坂

真面目な消費者思いの姿勢を伝えることで、その企業により興味を持ってもらい集客につなげる

10章

サービス業のチラシ集客の法則

10-1

サービスの「商品化」で支持されるチラシづくり

◎イメージ型チラシは「来場障壁」をつくりやすい

集客できないサービス業のチラシとは、典型的な「イメージ型」チラシです。エステや美容室を例にすると、モデルのお姉さんの写真があり、「私はキレイになる」とキャッチコピーを入れて店舗紹介をしたものです。

コピーを見て多少は共感すると思いますが、消費者からすれば「それで私にどうしてくれるの？」と疑問を感じるだけです。結局、欲求は満たされず、店に足を運ぶ気にならないというのが実情です。

そんなチラシでは、店に行くと何がいくらなのかわかりません。これでは消費者は不安を感じるだけです。わざわざ経費をかけて、消費者に「来場障壁」をつくっているようなものです。

◎「商品化」「MD」で予算基準、価値基準をつくる

サービス業のチラシをつくるときに、まずしなくてはならないのは、「サービスの商品化」「商品のMD（商品化計画）」です。

サービスの商品化とは、消費者の購入単位（ニーズ）を捉えてサービス商品をつくるということです。美容室のカット（髪切り）ひとつをとっても、ショートカット、セミロング、ロングと、多くの髪型のニーズがあります。そこで、それぞれのサービスを商品化することで、消費者は選択しやすくなります。

商品のMD（商品化計画）とは、サービスの購入単位に対して、サービスアイテムをつくるということです。

美容室のロングヘアの人へのサービスとして、人気モデルのエビちゃんをモデルにした髪型を売りたいのであれば、それを前面に打ち出すと、より選択しやすくなります。エビちゃん風カット5250円、エビちゃん風カット＋パーマ・セット1万2600円といったようにアイテムをつくることができます。アイテムをつくることで予算基準、価値基準ができるので、それが集客力につながります。

サービス業も、小売業と同様に商品発想を持つことが当たり前の時代です。価格が明瞭であり、品揃えがあって選択の幅があるチラシが消費者に支持されるのです。

選びやすい価格帯だわ

10-2

サービスの「メニュー化」で集客するチラシ

◎依頼側と請負側の意識のギャップをなくす

会社に業種内容を示す看板はかかっていても、「どの範囲までやってくれるのか」と頼むのに不安を感じたり、迷ってしまう会社も少なくありません。特にものを扱わない「サービス」や「技術」を売るビジネスでは、そのような傾向が強いようです。

例えば広告代理店といえば、普通の依頼側の視点からすれば、「印刷物のデザイン」を依頼するところと意識しているのがほとんどです。しかし実際は、印刷媒体以外に看板やテレビCM、イベント企画等のデザインも行っています。これは、依頼側と請負側に「意識のギャップ」が生じていることになります。それをなくすことで依頼数を増やすことができるのです。

◎取扱いサービスのたな卸しをしてメニュー化

まずは、取扱いサービスのたな卸しが必要です。過去にどのようなサービスを行ってきて、これから行っていきたいサービスは何かということを、整理する必要があります。その際、印刷、看板、イベントという大きなくくりでは意味がありません。お客の依頼単位からの視点で、印刷であればチラシ印刷、DM印刷、パンフレット印刷というように整理していかなくてはなりません。

その整理したサービスメニューを依頼側に伝えることで、不安材料や障壁が消えます。また、今まで知らなかったために頼んでいなかったサービスも利用してもらえることになります。

◎依頼障壁を下げる価格設定

お客の依頼単位のサービスに「価格」を入れることで、さらに依頼を獲得しやすくなります。これは、最低の発注単位で載せるのがベストです。中小であれば、他社よりも発注単位や依頼単位のハードルを低く設定することをお勧めします。依頼障壁を低くしたほうが、「試しに使ってみよう」と思ってもらえるからです。

どんなにサービスの質がよくても、お客様との間に「意識のギャップ」があれば、依頼件数は伸びません。お客様の視点でサービスメニューを打ち出すことは、サービス業でお客様を集める重要なポイントなのです。

この用紙をコピーして
内容記入の上、そのままFAXへ!!

御社専用 24時間 FAX問い合わせ フォーム

お問合せNO.　－　－　－　御社名　御社ご担当者名　広報企画社　行

NO.下記以外　お問合せ内容（簡単にご記入ください）

看板関係		
001	大型広告塔	メイン広告・誘導広告など H2,000×W900×D200 200,000円～
002	室内案内板	トイレ案内・館内案内・室名表示など H150×W150×D30 2,000円～
003	のれん	浴室のれん・食堂のれんなど H300×W900 9,800円～
004	電光板	屋外電光板・屋内電光板など H600×W600×D150 45,000円～
005	屋上看板	店舗看板・道路案内看板など H900×W900 80,000円～
006	壁付（ボード型）	案内表示・室名表示など H300×W300×D30 3,000円～
007	壁付（チャンネル）	案内表示・室名表示など H250×W250×D15 5,000円～
008	スタンド看板	パーキング・メニュー表・営業品目など H450×W600 15,000円～
009	懸垂幕	営業品目・告知案内など H1,000×W900 15,000円～
010	ステ看板	オープン・イベント・告知案内など H1,800×W450 5本@3,500円～
011	案内・誘導 告知・野立看板	道路PR・案内看板など H900×W1,800 65,000円～
012	のぼり・旗	オープン・イベント・告知案内など H1,800×W600 5本@4,000円～
013	ラッピングカー	社名・商品PRなど H300×W4,000 30,000円～
014	ステッカー	社名・商品名など H50×W50 500円～
015	オブジェ	鉄鋼・グラスファイバーなど H1,000×W1,000 50,000円～
印刷		
016	チラシ	折り込みチラシ・店頭配布用チラシなど B5/1C/片面 1,000部 35,000円～
017	パンフレット	会社案内・営業品目案内など 500部 50,000円～
018	ポスター	イベント・告知広告・営業品目案内など 1部 3,500円～
019	記念誌	式典用・創立記念など 100部 30,000円～
020	DM	オープン・移転・商品案内など ポストカード 500部 15,000円～
021	ステッカー	店舗告知・イベント・商品案内など H100×W100 1枚 1,500円～
022	メニュー表	商品案内・新メニュー案内など B5/2C 1部 3,000円～
023	名刺	1C 100枚 1,000円～
024	伝票	納品書・請求書・見積書など B5/2C 50部 15,000円～
025	会員カード ポイントカード	名刺サイズ/1C 100枚 2,000円～
026	カレンダー	100枚 35,000円～
CM		
027	ラジオCM	茨城放送など 15秒 7,000円～
028	TVCM	テレビなど 15秒 60,000円～
029	ケーブルTVCM	土浦市・つくば市など 15秒 1,050円～
広告デザイン		
新聞		
030	茨城新聞	店舗案内・会社PR・セール情報など H68×W194 60,000円～
031	定年時代	福祉施設案内・病院・介護情報など H67×W121 70,000円～
032	常陽リビング	店舗案内・土地分譲・PR・セール情報など H65×W118 70,000円～
033	朝日・読売・毎日・産経	店舗案内・会社PR・セール情報など ※価格はお問い合わせ下さい。
034	三和ウイークリー	求人広告など H83×W55 30,000円～
035	常盤広告	求人広告など H40×W92 25,000円～
交通広告		
036	電車・バス車内広告	店舗案内・イベント・PR・セール情報など B3 550円～
037	駅構内広告・電柱広告	店舗案内・会社案内・商品案内など 70,000円～
038	バス外板広告	店舗案内・会社案内・商品案内など 1ヶ月 7,000円～
039	ラッピングバス広告	店舗案内・会社案内など バス片面 600,000円～
撮影		
040	ビデオ撮影・編集	店舗・企業CM・研修ビデオ・式典撮影など 15分 100,000円～
041	スチール撮影	人物撮影・式典撮影など 1カット 3,000円～
042	商品撮影	商品広告・航空写真など 1カット 5,000円～
043	モデル手配	男性・女性・子供・ペットなど 1カット 30,000円～
イベント		
044	企画・運営	商工祭・落成式・物産展・華道展など ※価格はお問い合わせ下さい。
045	アドバルーン	店舗案内・イベント・PR・セール情報など 1本 55,000円／日～
046	街宣カー	店舗案内・イベント・PR・セール情報など 2日間 150,000円～
047	着ぐるみ	イベント・PR・セール案内など 1匹 1,500円～
048	タスキ	イベント・PR・競技・演目など 10本 35,000円～
049	名入りTシャツ	イベント・PR・競技・演目・記念品など 10枚 30,000円～
050	スタッフジャンパー	イベント・PR・記念品など 10枚 35,000円～
051	備品レンタル	椅子・テント・音響設備・出店など ※価格はお問い合わせ下さい。
052	選挙	ポスター・DM・看板・名刺など ※価格はお問い合わせ下さい。
その他		
053	ホームページ制作	店舗案内・商品案内・ネット通販など ※価格はお問い合わせ下さい。
054	マッチ	店舗案内・営業品目など 2,500個 25,000円～
055	名札	社内名札・スタッフ・イベントなど 100個 2,000円～
056	風船	イベント・PR・記念品など 1個 1,000円～
057	etc...	どんなことでもお気軽にご相談ください

記載以外にも、お気軽にご相談ください

お問合せは▶ 株式会社 広報企画社

技術・サービスをきめ細かく依頼単位別に価格設定することで、依頼不安を低減でき集客効果を上げる

10-3

「価値／価格の透明性」で集客するチラシ

◎予算とサービス価値がわかるチラシ

サービスというのは形がなく、目に見えないので、ユーザーにとっては価値に不透明感があり、新しい店を見つけて利用をするのに抵抗を感じます。

したがって、ユーザーに支持を受けるチラシにするには、利用する前に「この予算で、どんなサービス価値があるか」をわかるようにしなくてはなりません。

次ページに掲載したのは、山形県の葬儀店「むさしセレモニー」のチラシです。「価格の透明性」「価値の透明性」を最大限に表現することで支持を受け、集客につながっているチラシです。このチラシの成功ポイントは以下の2点です。

◎パック価格にして「追加料金なし」と明記

この葬儀店は、パック価格にすることで透明性を出しています。また、「追加費用なし」と強調することで、ユーザーの不安解消に努めています。さらに、業界の悪い常識を3つのポイントにわかりやすくまとめているので、価格の正当性が伝わりやすくなっています。

葬儀を経験しているお客様の不満を素直に聞き入れて、悪しき常識を直していこうという姿勢が、価格に安心感を与えています。

◎価値の透明性をイラストで表現

葬儀というのは、一生に何度もするものではないので、お客様は「どんなことをやるのか」「どんな準備が必要なのか」がわかりません。そして、言葉で伝えられてもイメージがつかめないのが普通です。

そのような状況をふまえて、葬儀でやること、準備することをイラストで表現することで、価値を伝わりやすくしています。また、他社の葬儀と自社の葬儀の価格体系との違いをわかりやすく伝えて価値にインパクトを与えることで、集客に成功しています。

徹底的に業界の悪い常識を改善する姿勢を伝えることで価格に安心感が生まれます。サービス内容を消費者の視線で伝えることで、価値が伝わっていきます。業界の常識ではなく、消費者の常識の立場からチラシをつくることが、サービスを売っていくのには大事なのです。

不透明な価値をイラストでわかりやすくすることで安心感が出て集客効果がアップする

10-4

小さなサービス商品でダントツ集客チラシ

◎業界の常識の盲点をついた「小さな結婚式」

冠婚葬祭のように、一生に何度も利用するものではないビジネスでは、おおむね価格が不明瞭です。選ぼうとしても価格や価値の基準があいまいなので、口コミなどで得た「評判」だけで選ぶ傾向になっているようです。

愛知県一宮市のレストランB社は、このような業界の常識の盲点をついた「小さな結婚式」というサービスを売りにして成功しています。

◎サービスを規格化してパック料金システムに

最初のポイントは、サービスを規格化して価格を入れたことです。

今までの業界の常識であれば、相談して見積りが出てきて初めて価格がわかるのが普通です。それを、参加人数と式の内容によって選択できるプランにし、パック価格を表示するようにしています。

つまり、従来の結婚式場のようなオーダー性をなくして、「規格」と「価格」を売りにしているのです。これによりお客様が安心して予約をしやすくなります。

◎サービスの集客商品

消費者は「結婚式は高くつく」というイメージを持っています。参列者50～100名くらいで100万円から300万円はかかるというのが常識的なところでしょう。

そこでB社は、サービスの低価格訴求をしています。

次ページのチラシのように、少人数の結婚式のサービスを規格化して、「参列者6名で4万9800円」と大きく打ち出しています。「結婚式は高いから」ということで諦めていた人も、「その程度でできるのなら」ということで集客が可能になります。実際、このチラシ効果により、B社は幅広く予約が取れるようになっています。

見えにくいサービス、価格が不明瞭なサービスの業種は多くあると思います。盲点をついて、この事例のようにサービスを規格化し、価格の明瞭表示をすれば、小さな会社でも集客チャンスはあるのです。

小売業であれば当たり前のことですが、価格がはっきりしているというのは、消費者にとって一番安心でき、利用してみようかという気になるものなのです。

最小のサービスプランを商品化（規格化）することで集客できる層が広くなる

10-5

「ワンコイン」サービスでダントツ集めるチラシ

サービスというのは、表現を変えることでダントツの集客を上げることができます。普通は、サービス内容別に価格を提示しますが、次ページのマッサージのチラシでは「ワンコイン」訴求で集客効果を上げています。

◎ワンコインサービスの打ち出し

ポイントは2つあります。

1つ目は、少時間でサービスが受けられることです。マッサージだと、普通は60分であったり、30分であったりのサービスになるのですが、15分からサービスを受けられるようにしています。それにより他社より利便性がよいと感じてもらえるようです。

2つ目は、サービスをワンコインで受けられることです。「たったこれくらい」ということで、お客様の財布のひもが緩みやすくなります。

最初は「500円だから安い安い」と思っていても、施術を受けているうち気持ちがよくなって「追加しても500円でしょ」といった感じで財布からお金が出てきます。

お札（1000円）だと抵抗があるのに、ワンコインだとそれがありません。「ちょっと試しに」という気軽さによって、非常に集客効果が出てくるのです。

◎内容より「対象」の打ち出しが効果的

サービスや技術というのは内容を表示されたところで、消費者にはよくわからないものです。それよりも、「どんな人に来てほしいのか」「どんな効果があるのか」を載せるほうがわかりやすいのです。チラシに入れる場合、ただ文字で「対象」を説明するのではなく、イラスト付きで載せるほうが目にとまりやすくなります。

対象を入れることで「ワンコイン」の効果が増してきます。お客様のなかには複数の対象に興味を示す人も少なくありません。そうすると、「500円だから」といって、たくさんのサービスを受けることになります。

サービスというのは、消費者にとって「安さ」が伝わりにくいものです。ダントツに集客する場合、この事例のワンコインサービスのような「手軽さ」を売ることが必要なのです。

肩《かた》
腰《こし》
目《め》
スポーツ
手《て》・足《あし》

対象をイラストでわかりやすく伝えることで「ワンコイン」のお得感が出てくる

からの
『健康だより』です。
これからのつらい時期を元気に乗り切る!には
マッサージ15分
500円をおすすめします!
でのマッサージはこうして患者様に接します。
当院は手技(手を使った)治療に重点をおいています。手をかけることが本当の治療だと考えます。
ていねいに詳しく症状をお聞きします
肩や腰など痛いところを中心にマッサージをいたします
最後には全身の体調を整えていきます
問診
マッサージ
ストレッチ

時間を小刻みにして「ワンコイン」にすることで手軽感が出て、消費者にとっても利用しやすくなる

マッサージ15分
500円をおすすめします!
当院《とういん》は手技《しゅぎ》(手《て》を使《つか》った)

10-6

「短期コース」でダントツ集めるチラシ

◎学習塾に手軽な「短期コース」を導入

教育産業でも「手軽さ」は新規の生徒を集めるために重要なポイントになっています。次ページに掲載したのは学習塾のチラシですが、短期コースという「手軽さ」が1つの売りになっています。

親御さんが学習塾を選ぶ時、いきなり年間通しての月謝を一括で払うことには二の足を踏んでしまいます。いくら評判のよい進学塾でも子供と相性が合わない場合を心配しているからです。その点、5日から10日の短期コースで値段がリーズナブルであれば、気軽に「試してみよう」という気持ちになるのではないでしょうか。

事例のチラシは、まさに「手軽さ」を売りにして新規生徒募集に効果を上げているのです。

◎「選択」できるメリット

コースは、講座内容を固定するのではなく、選べるようになっています。7日間のコースであれば、好きな日程を選べたり、各科目のやりたい講習を7つずつ選べるようになっています。

短期の「手軽さ」に加えて、「選択」できるというメリットの効果も見逃せません。

◎身近なモデル

コースに「選択」を入れる場合、説明の仕方、見せ方に工夫が必要です。事例のチラシのように「小学6年生かなこちゃんの7日間コースの場合」というように、例を載せると効果的です。実際に講習を受ける「かなこちゃん」を題材としてコースの例を説明すると身近に感じてもらえ、受講を促す効果があります。

短期コースですから、別に難関中学校合格といったような大きな成果を求めているわけではありませんが、それなりの成果は求めています。例えば「文章問題が苦手だから克服したい」というように、小さな悩みを解決できるところにニーズがあるのです。

学習塾以外にエステ、レンタル、介護のようなサービス業でも、この「短期コース」での集客は効果が出ています。というのは、短期コースである程度の満足を得れば長期コースに進んでくれるからです。

この夏！伸ばしたい所に力を入れる
無料
学力診断テスト（4教科）
＋
指導プログラム決定！
学力診断テストで夏休みの学習プログラムを決めます。
4科目授業 伸ばしたい所に力を入れる
＋
弱点解消
苦手分野に十分時間をかけわかるまで指導。
応用強化!!
演習
＋
改善指導
完成
やったー
さらにみがきをかけ応用力を身につけます。
無料
達成度確認テスト 4科目
無料
達成度確認!!
勉強方法をアドバイス
こんなお悩み解決します。
百分率割合の文章題が苦手
国語の文章をよく読まない
小数のわり算が苦手
受験したいがどんな勉強したらいいかわからない
文章問題が苦手
歴史で時代の順番がわからない人物がわからない
自分のペースで進むことができる
わからない所は先生に気軽に質問できる
充実した「夏の特訓コース」
自分にあった日程授業内容が選べてうれし!!
7日間コースなら、好きな日程を7日間選べます。
また、各科目のやりたい授業内容を7つずつ選んで学習できます。
一人ひとりにあった夏期講習を目指します。
小学6年生かなこちゃんの
7日間コースの場合
8/2(水) 4(金) 7(月) 8(火) 10(木) 11(金) 18(金) 21(月) 23(水) 25(金)
標準小6
国
算
理
社
時間 午前9:00～12:00
科目 国語・算数・理科・社会
対象 小4・小5・小6
期間 8/2(水) 4(金) 7(月) 8(火) 10(木) 11(金) 18(金) 21(月) 23(水) 25(金)
（コースに応じて、都合のよい日程を選んで下さい）
費用
コース名 受講料
おためし5日間コース 12,500円（税込）
おすすめ7日間コース 17,500円（税込）
みっちり全10日間コース 23,500円（税込）
※テキスト代別途
ハイッ先生！算数って楽しい！

低予算サービスの手軽さに加え「選択」ができるようにすることで、集客力を上げることができる

充実した「夏の特訓コース」

自分にあった日程授業内容が選べてうれし!!

7日間コースなら、好きな日程を7日間選べます。

また、各科目のやりたい授業内容を7つずつ選んで学習できます。

一人ひとりにあった夏期講習を目指します。

小学6年生かなこちゃんの
7日間コースの場合
8/2(水) 4(金) 7(月) 8(火) 10(木) 11(金) 18(金) 21(月) 23(水) 25(金)

標準小6										
国	漢字と語句	ことばのきまり	説明的文章の読み取り①	説明的文章の読み取り②	文学的文章の読み取り①	文学的文章の読み取り②	詩の読み取り	総合問題①	総合問題②	総合問題③
算	前学年の復習(1)	前学年の復習(2)	倍数と約数	計算の見積もり	立体	分数のたし算・ひき算	平均	単位量あたり	総合問題①	総合問題②
理	前学年の復習(1)	前学年の復習(2)	ものの燃え方と空気(1)	ものの燃え方と空気(2)	植物の葉と日光	動物と食べ物	動物の呼吸と血液の流れ	総合問題①	総合問題②	総合問題③
社	前学年の復習(1)	前学年の復習(2)	米づくりと国のなりたち	聖徳太子と貴族の政治	武士による政治のはじまり	武士による天下統一	江戸幕府の政治と人びとのくらし	総合問題①	総合問題②	総合問題③

10-7

「無料体験」サービスでダントツ集めるチラシ

◎体験しなければ「お金を払う価値」はわからない

有料サービスを売りたい場合、内容・料金をチラシに打ち出したところで、なんの集客にもなりません。結局、サービスというのは、体験した者でなければ「お金を払う価値」がわからないからです。

そのような場合、「無料体験サービス」を有効的に使うことで格段に集客が上がり、有料サービスにつなげることができます。

◎0円でも高い価値があることを伝える

せっかく「無料体験サービス」を導入しても、その打ち出し方が悪ければ、なんの効果のないものになってしまいます。消費者に目を向けてもらうには、それなりの仕掛けが必要です。

次ページのチラシをご覧ください。車検サービスでどこまで無料でやるのかを詳しく載せています。点検をストーリー化し、一つひとつの点検方法の説明をしているのです。これを見た消費者は、「そこまでやってくれて無料なの？」と思い、「試してみよう」という気持ちになります。そして、無料診断サービスに満足した消費者は有料サービスを利用したくなります。

無料体験サービスを打ち出して集客する場合、0円でも高い価値があると伝えることが重要です。その演出のいかんが集客のバロメーターになります。

◎ターゲットを明確にする

無料体験サービスにより集客を上げたい場合、ターゲットを明確にすることが重要になります。事例のチラシでは「車のことを知らない女性」をターゲットにしています。そして、女性が車検に関して「知らないこと」「不安なこと」について、チラシでは丁寧に説明しています。モデルの女性が「無料体験サービス」を見学する形で説明を進めているので、ターゲットの消費者に親近感が生まれ、集客効果が出てきます。

無料体験サービスも、ただ0円にすれば集客できると考えるのは大きな間違いです。ターゲットに対して0円でも高い価値があることを伝えることができなければ、集客効果は出てきません。

なぜこんなにヤマト車検が選ばれるのか？
ヤマト車検のココがちがう!!
その秘密を大公開!!
車検前の『無料診断』で
安くて丁寧
ヤマト車検はここまでやります!!
だからヤマト車検に決めました!!
その1 気持ちのいい挨拶でお出迎え!!
いらっしゃいませ!!
その2 室内点検
お客様のお車を汚さないように、配慮しつつ丁寧に一つ一つチェックしていきます。室内点検は以下の項目を点検していきます。
点検項目
その3 ライトまわり
ウインカーOK! ライトOK!!
お客様の立ち会いのもとでライトまわりの点検。自分じゃなかなか気づかない場所なので、しっかりと確認。
その4 検査機器を使った診断
点検項目
・サイドスリップ
その5 エンジンまわりの点検
ここからはエンジン部分を点検していきます。2人のスタッフで確認しあいながらお待ち頂いているお客様に少しでも早くお渡しできるように車検をつくします。
ベルト亀裂損傷よしっ！
こっちもOKです!!
その6 リフトに乗せて分解診断
リフトに車を載せて下まわりの部分を診断いたします。見えない場所はライトを使ってスミズミまでチェックしていきます。
ブレーキホースは大丈夫ですね。
ココの部分に亀裂があります。
その7 診断が完了しましたので、ご説明
最後にお客様に何処に異常があったか、消耗しているかなどを、ご説明しフロントスタッフに伝えます。
その8 納得頂くための安心見積システム
テクニカルスタッフのチェックしました点検内容をまずフロントのコンピューターで解析し、お客様の見積にてご提示させていただきます。
【その4】からお客様はお座りいただきます。
ここまで全て無料!!
以上の項目終了後ご納得頂いた上でお預かりします!!
平成18年6月1日から施行!
車検拒否制度とは？ アナタは大丈夫ですか？
ホームページ開設しました!! お気軽にアクセスして下さい!
http://www.matsuo-motors.co.jp
車検基本料金 全車種 13,650円（税込） 見積無料
主な車種
ワゴンR、ライフ、ムーヴなど
ヴィッツ、マーチ、スターレットなど
マークII、スカイライン、アコードなど
クラウン、セルシオ、セドリックなど
車検基本料金 全車種 13,650円（税込）
重量税* 8,800円 25,200円 37,800円 50,400円
自賠責保険料 24,860円 30,680円 30,680円 30,680円
検査登録印紙代 1,100円 1,100円 1,100円 1,100円
合計 48,430円 70,630円 83,230円 95,830円
リサイクル料金
リサイクル料金が別途必要となります。
タイヤ
ミラー
バンパー
車によって料金が異なりますので詳しくはスタッフまで!

0円でも高い価値があることを伝えて集客力を上げる

10-8

「集客サービス」から「収益サービス」への誘導

カルチャー教室や学習塾は、短期コースで集客しても月謝コースに誘導できなければ、事業としての収益は出てきません。そこで、長期コースに誘導するオファーが重要なポイントになってきます。

次ページに掲載したヨガ教室のチラシは、2ヶ月で月謝コースの生徒数を30名から50名に増やしました。

◎料金のオファー訴求

このチラシのポイントは、月謝コースになれば、それまでの体験コースの料金を「キャッシュバック」するということです。そして、キャッシュバックは体験コース終了後1週間以内と決めることで、月謝コースへの誘導がうまくいっています。

人間というのは、検討し始めるといろいろ迷い、そのあげく「やっぱりや～めた」になりかねません。したがって、検討する期間を短く設定するほうが誘導には効果的なのです。

◎お得のオファー訴求

さらに誘導をあと押ししているのが、月謝コースのサービスメリットです。1回2000円の講座が、月謝6000円を払えば「何回参加してもOK！」となっています。体験して少しでも楽しいと思った人には、月謝に変えたほうが得と感じてもらえます。

◎効果メリットのオファー訴求

もう1つ、月謝コースへの誘導をあと押ししているのは、「ヨガを始めてこんな良い事が！」の部分で伝えている効果メリットの訴求です。

肩こりが治った、3キロ痩せた、よく眠れるようになった……と、女性たちが抱えているさまざまな悩みをクローズアップすることで、これでもかと誘導に努めています。

集客サービスは、収益サービスにつなげるために行うべきものです。ただサービスを紹介するだけでは、集客サービスで終わってしまいます。

事例のチラシのように収益サービスに誘導するオファーが不可欠です。

☆一週間以内の
入会で体験料金を
キャッシュバック!!
指導歴
20年の達人!!
ヨガ教室○○○
パワー・ヨガ
ホット・ヨガ
ピラティス
アイアンガー・ヨガ
精神集中
便秘解消
ダイエット効果
体の歪み解消
ヨガデビューしよう！
運動にあまり
自信がなくても
大丈夫です！
ストレス解消
しなやかな体に
ヨガを始めて
こんなに良い事が！
◎肩こりが治った！
◎－3k痩せた！
◎よく眠れるようになった！
◎体が柔らかくなった！
◎友達が出来た！
◎腰痛が治った！
☆ヨガ体験会募集☆
1日体験　2,100円（2人以上お申込みで=1,575円）
3回体験　3,150円　迷ったらコレ！
半月体験　5,000円
入会金……なし
1　回……2,000円
月　謝……6,000円
（何回参加してもOK!）
ヨガ
マット
不要
ヨガ教室　○○○
住所／□□□□□□□□□□
電話／00-0000-0000

集客サービスから収益サービスに誘導するオファーを入れることで売上をつくりやすくする

11章

チラシ集客、絶対成功の法則

11-1

客観的に成果を判断する「売上の方程式」

◎「販売指標」をもとに「売上の方程式」を組み立てる

売上をつくるための集客をできることが、チラシには不可欠となります。チラシを折込みしたらどのくらいの売上が見込めるか、その売上をどのようにつくるのかが、客観的にわかるようにしなくてはなりません。

それには基準となる「販売指標」をつくり、それをもとに「売上の方程式」を組み立てることが重要です。

◎小売業・飲食業の「売上の方程式」

店舗で商品を売るような小売業や飲食業ならば、次のような方程式になります。

売上＝チラシ枚数×反響率×購入率×客単価

この方程式をある家具店のセールを例に説明します。

チラシ6万枚の折込みをするとします。反響率が100分の1であるなら、店への来場数は600件になります。その来場数に購入率30％を掛けると180件の購入数となります。

そして最後に、購入数に客単価5万円を掛けると、セールの売上は900万円が基準になります。

◎新築住宅・リフォームの「売上の方程式」

また、相談会で集客する新築住宅やリフォームのような商売であるならば、次のような方程式になってきます。

売上＝チラシ枚数×反響率×見積率×契約率×客単価

この方程式をリフォーム店の相談会の例で説明します。

チラシ6万枚の折込みをするとします。反響率が1500分の1であるなら、来場数は40件になります。この来場数に見積率50％を掛けると20件の見積数になります。さらに、見積数に契約率60％を掛けると、契約数は12件となります。

そして、最後に契約数に客単価200万円を掛けると、相談会の売上は2400万円が基準になります。

このように、集客から売上につなげる「方程式」をつくることにより、チラシの集客企画を客観的に分析することができます。チラシ企画をするうえで方程式に組まれている販売指標を基準に予定と実行を分析すれば、チラシのよいところ、悪いところが見えてきます。それが明確にわかることにより、安定した売上をつくれます。

小売業・飲食業

売上 ＝ チラシ枚数 × 反響率 × 購入率 × 客単価

↓

900万円 ＝ 6万枚 × $\frac{1}{100}$ × 30% × 5万円

新築住宅・リフォーム

売上 ＝ チラシ枚数 × 反響率 × 見積率 × 契約率 × 客単価

↓

2400万円 ＝6万枚 × $\frac{1}{1500}$ × 50% × 60% × 200万円

ここがポイント！

売上の方程式をつくることで集客企画の効果を客観的に見定める

11-2

「競合調査」でわかる最適なチラシ折込み日

◎チラシ折込みする曜日の見極めが重要

毎週や隔週と定期的にチラシの折込みをする業種では、入れる曜日の見極めが重要になります。激しい競合環境の商圏では、同じ曜日に同業種5枚以上も折込みされる場合があります。そうなると、消費者心理からすれば必然的に1番店を優先して、2番店、3番店と順番が下がるにつれてあとまわしされることになります。つまり、競争力の弱い店ほど不利になるのです。

◎競合関係のなかに埋没しない折込み日

小売業では、お客様の来店は金・土・日に集中しやすいので、金曜日にチラシを折込みをする店が多い傾向があります。そこで、木曜日にチラシ折込みをして先手のインパクトを与え、あとからチラシ折込みをする競合の印象を薄くすれば、集客を向上することができます。

また、金・土・日に集客の波が極端にならないようなサービス業や、買うまでに半年以上もかかる高額商品を扱う業種の場合は、競合が折込みをする2日後に折込みをすることで効果が出ることもあります。チラシの集客効果というのは4日間がいいところで、3日目になると1日目の半分以下になります。

競合のチラシ効果が薄れるタイミングを狙って折込みすると、新しいほうへなびかせて集客できます。

◎セール・イベントは先手必勝

大きなセールやイベント、あるいは季節商品の販売では、競合他社より先手を打つことが成功の決め手になります。つまり、競合他社の態勢が整う前にマーケットを奪い取る戦法です。

競合他社が前年度にやったセール・イベントの日程データを整理しておけば、どの月のどの週に開催するかという傾向はつかめます。他社が月の1週目にセールをする傾向があれば、その前の月の最終週に折込みをして早くセールを始めればいいのです。

チラシの反響というのは、「企画」だけでよくなるものではありません。常に競合の動きをデータ化し、その傾向に合わせた「折込み日」を決めるのもチラシ集客では重要です。

小売業の埋没しない折込み

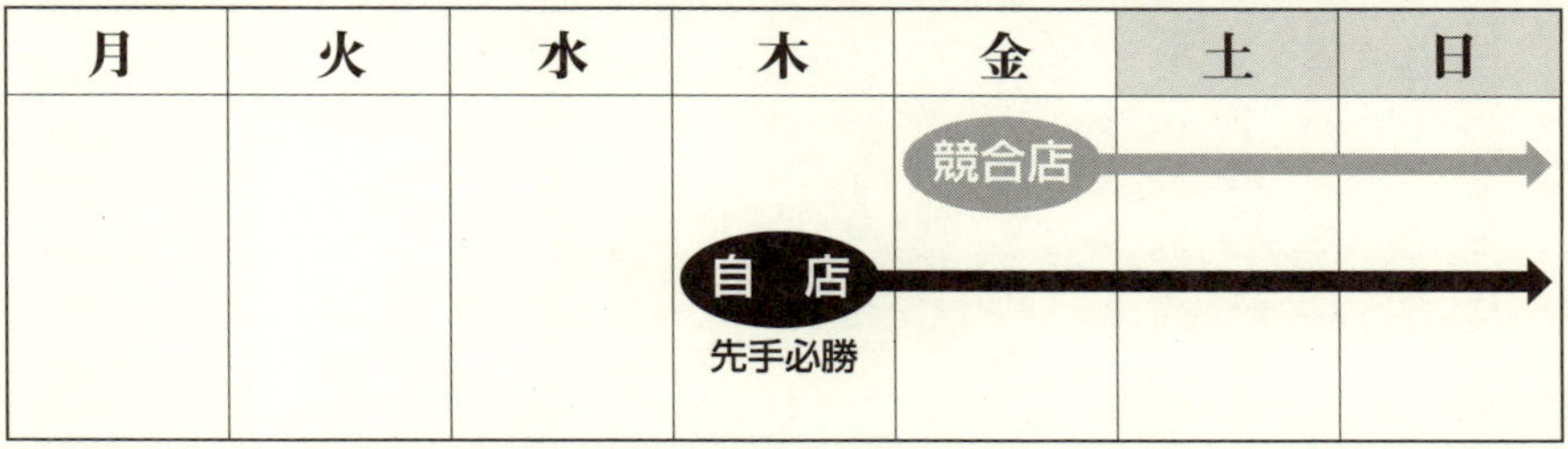
月 火 水 木 金 土 日
競合店
自 店
先手必勝

サービス業の埋没しない折込み

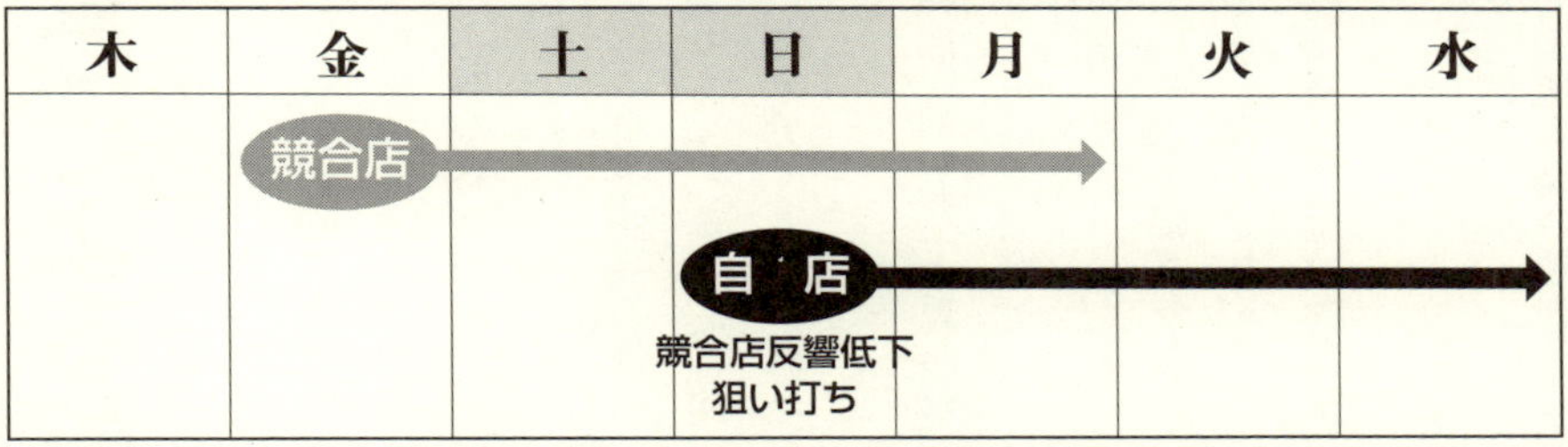
木 金 土 日 月 火 水
競合店
自 店
競合店反響低下
狙い打ち

セール先手必勝で

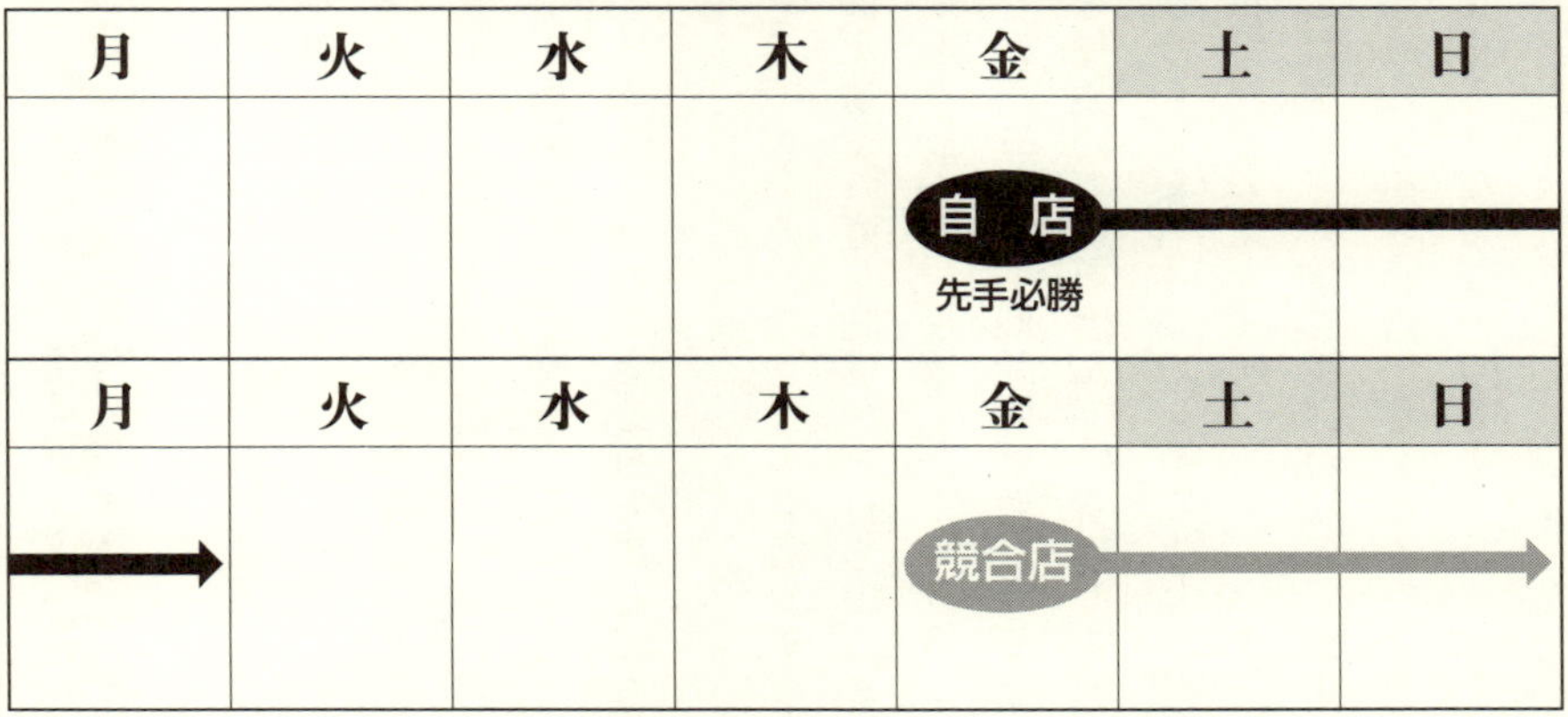
月 火 水 木 金 土 日
自 店
先手必勝
月 火 水 木 金 土 日
競合店

ここがポイント!

競合の販促の動きをデータ化して最適なタイミングの折込み日を決める

11-3

「競合店調査」によるチラシ集客力アップ

セール日、折込み日を決めたら、次はチラシの中身を考えていきます。これもただ独りよがりで企画・作成しても当たるチラシにはなりません。競合他社のチラシを研究して、集客商品の対策等を練る必要があります。

◎競合店調査をもとに価格力アップ

小売業の場合、競合他社の集客商品や目玉商品の価格は、常にチェックしておく必要があります。基本的に同等の商品を載せるのであれば、1円でも安くしなければチラシが無駄なものになります。

もし高いまま載せていたら、「この店、高いわ」と思われ、競合店を引き立てる結果になります。高いまま載せるくらいなら、掲載しないほうがいいのです。

消費者というは、売る側が思っている以上にチラシの中身をシビアに見ています。集客を考えるのであれば、チラシ掲載の集客商品や目玉商品の価格は、絶対的に競合他社に負けてはならないのです。

◎競合店調査をもとに付加価値アップ

商品だけでなく、サービスの付加価値も競合調査では重要です。特に高額品を売るようなビジネスでは、これが不可欠です。

例えばリフォーム業であるなら、工事後の満足を与えるサービスを行えば、他社より有利になります。最近では「工事保証書」を発行するのが当たり前になってきていますので、同じことを打ち出しても何の効果もありません。

そこで、あるリフォーム業者はチラシで業界初の「ご不満工事やり直し制度」を打ち出しました。これが消費者の心を動かし、反響数が1・5倍になりました。このように消費者は、商品の価値だけでなく、サービスの価値を見極めて店を選んでいるのです。

チラシで集客するということは、他社との比較により効果が決まってきます。

したがって、常に競合の動きを察知して、それに対して商品の価値/価格、サービスの付加価値で上回っていかなくてはならないのです。

価格力UP

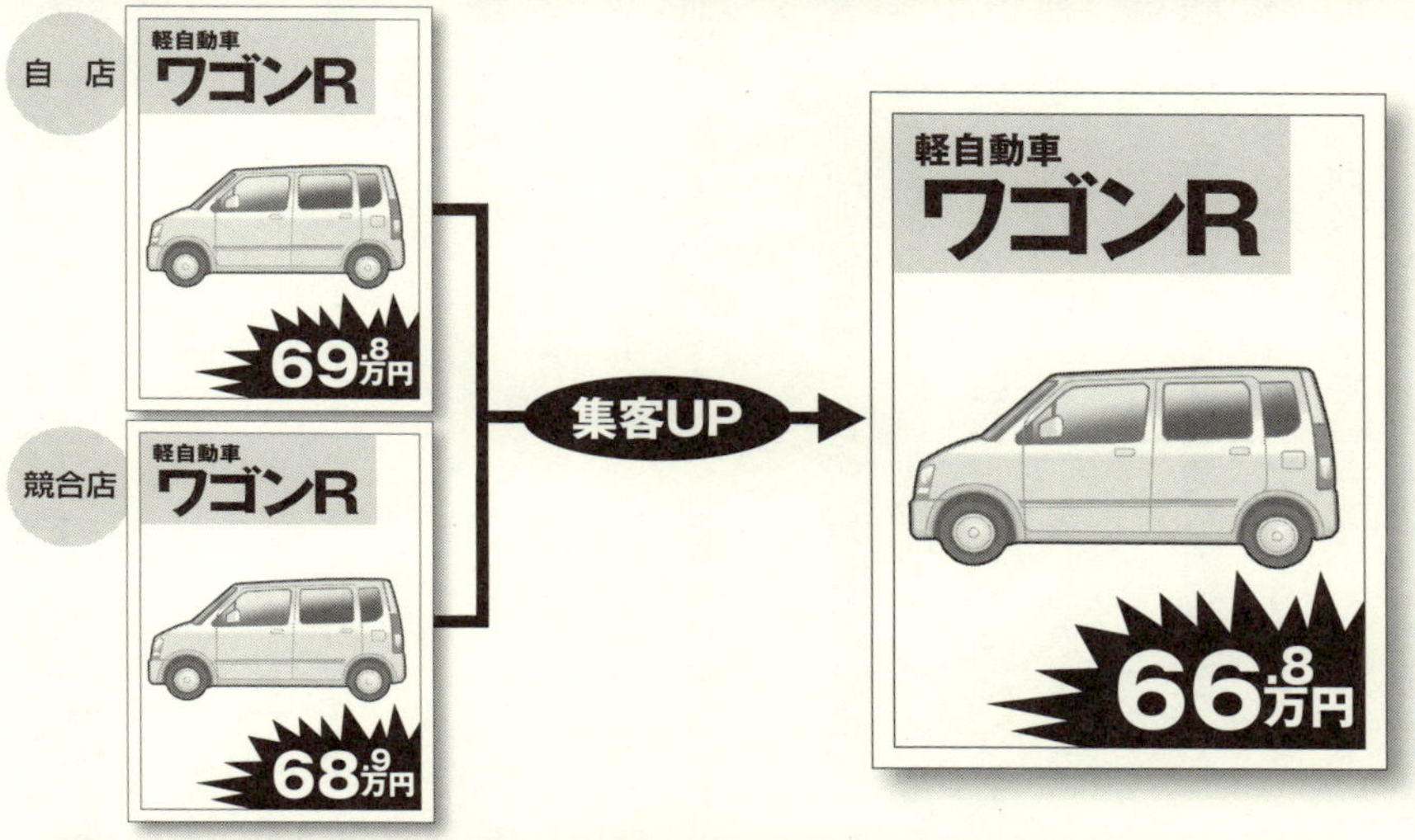
自店
軽自動車
ワゴンR
69.8万円
競合店
軽自動車
ワゴンR
68.9万円
集客UP
軽自動車
ワゴンR
66.8万円

付加価値力UP

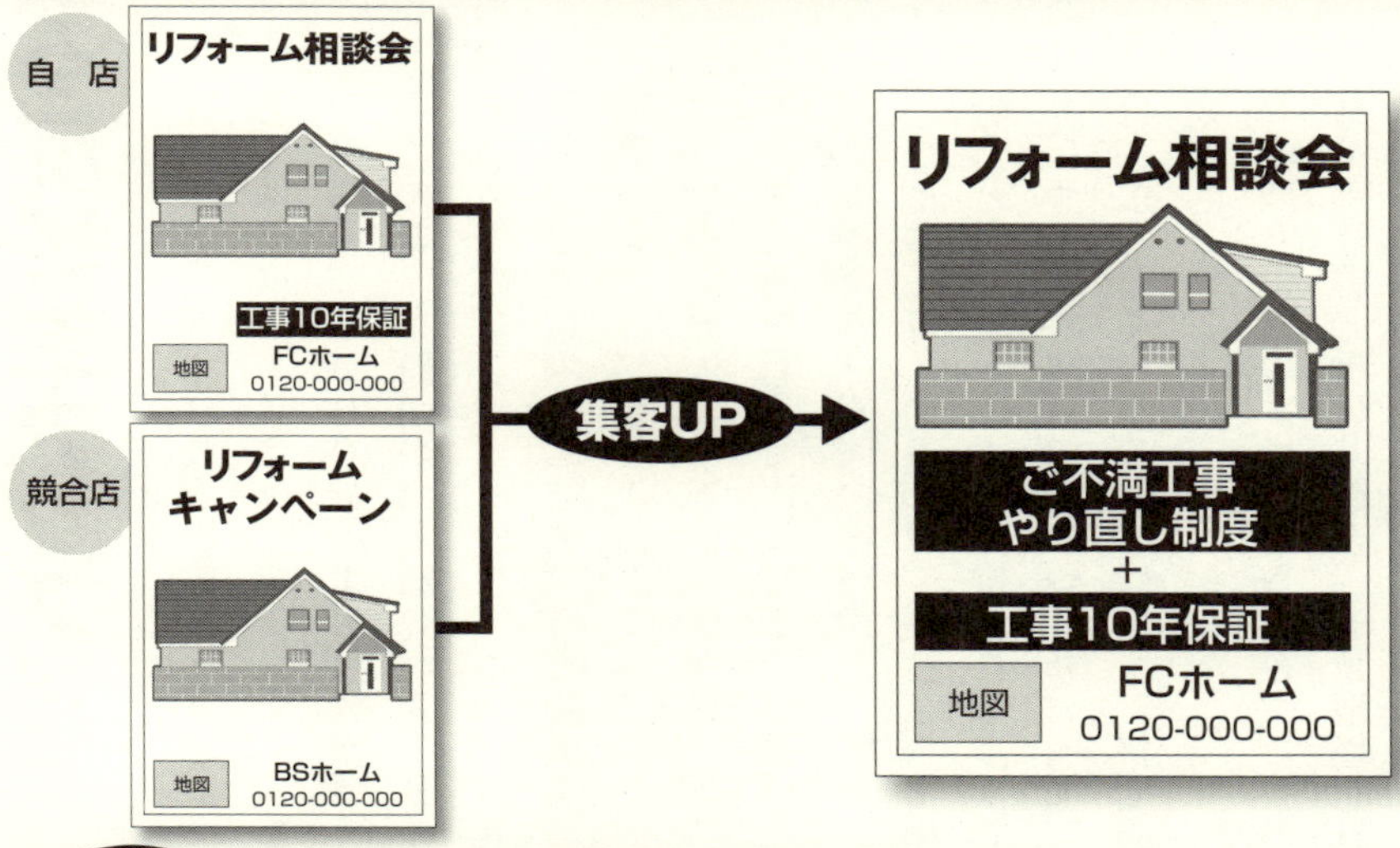
自店
リフォーム相談会
工事10年保証
地図
FCホーム
0120-000-000
競合店
リフォーム
キャンペーン
地図
BSホーム
0120-000-000
集客UP
リフォーム相談会
ご不満工事
やり直し制度
＋
工事10年保証
地図
FCホーム
0120-000-000

ここがポイント！

競合店がチラシ掲載している商品（サービス）の価値／価格をチェックして、チラシ計画に反映させる

11-4

商圏エリアの分析による反響率アップ

チラシで集客するには、よいチラシをつくるだけでは不十分です。それに加えて「商圏をつくる」ことが集客につながっていきます。そこで、以下のような分析等が必要になってきます。

◎地域別反響分析

商圏づくりをするには、チラシ折込みをしている地域別の反響分析が欠かせません。これによって強い地域、弱い地域が数字で明確になり、対策を打てるようになります。

反響率＝地域別反響数÷地域別折込み世帯数

次ページの図表のように、地域別に反響率を出します。そして、その数字を地図に落とし込みます。これによって自社が支持されている地域、支持されていない地域の把握ができます。

◎商圏エリアを設定して地域別対策を練る

地域別反響分析をもとに、折込みするエリアと、エリア別の折込み回数を決めていきます。

図表をご覧ください。自店周辺のAエリアに次いで、Bエリアが3000分の1と反響率がよいことがわかります。逆にGエリアは、チラシ折込みをしているにもかかわらず、8000分の1と反響が悪くなっています。

このような傾向が出た場合、A・Bのように平均反響率より断然によいエリアは、さらに強化して月1度の折込みを2度に増やします。そうすることにより、確実に反響数をアップすることができます。そして、Gのように反響率が悪いエリアは、字《あざ》別レベルにまで落とし込んだ反響分析を行って、反響がない地区を削ることでエリアの反響率を上げていきます。

商圏づくりというのは、支持されないエリアに無駄な労力とお金をかけず、支持されるエリアでさらに支持を伸ばすほうが簡単です。つまり、商圏（折込みエリア）は、広く薄くつくるのではなく、狭く濃くつくることが効率的なのです。

商圏というのは最初から存在するものではありません。地域別反響分析に基づき、適正地域を見つけて販促活動することで、商圏ができていきます。

エリア分析

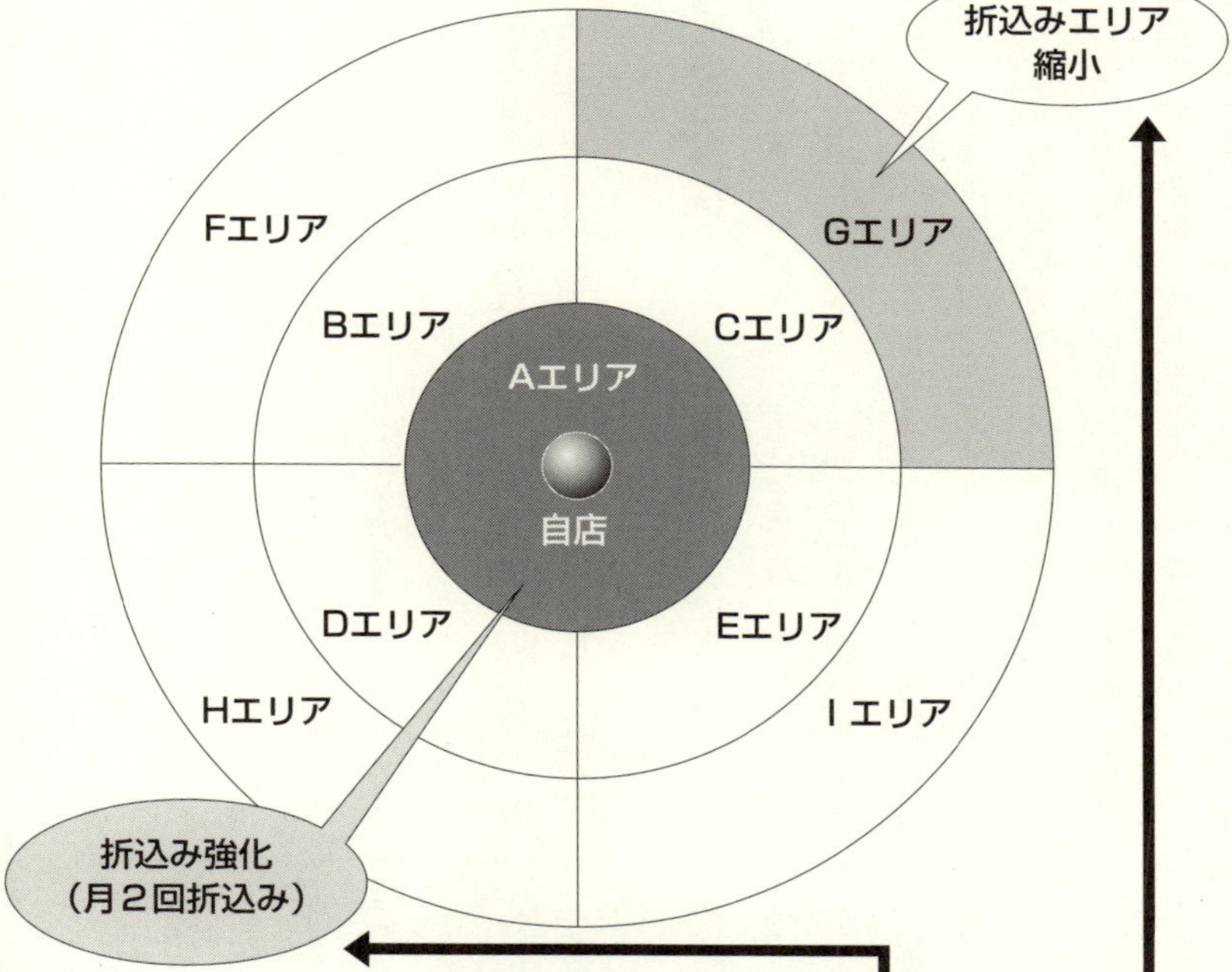
折込みエリア
縮小
Fエリア
Gエリア
Bエリア
Cエリア
Aエリア
自店
Dエリア
Eエリア
Hエリア
Iエリア
折込み強化
（月２回折込み）

●反響データ

エリア	世帯数	反響数	反響率
Aエリア	30,000	15	1／2000
Bエリア	30,000	10	1／3000
Cエリア	20,000	4	1／5000
Dエリア	16,000	4	1／4000
Eエリア	20,000	5	1／4000
Fエリア	24,000	6	1／4000
Gエリア	40,000	5	1／8000
Hエリア	15,000	3	1／5000
Iエリア	24,000	4	1／6000

ここがポイント！

地域別反響分析に基づいて効率よい折込みエリアを設定する

11-5

チラシ商品の結果分析による改善法

◎チラシを当て続けるために不可欠な「結果分析」

チラシを当て続けるには、折込みしたあとの「結果分析」が重要です。それを怠って漠然とした感覚でつくっていると、すぐにチラシが当たらなくなっていきます。

この結果分析というのは、チラシの中身である商品、企画をなるべく数値化して分析することが重要です。

チラシに載せる商品には、集客する商品と収益をつくる商品があります。分析方法と改善方法はそれぞれ異なります。

◎集客商品の結果分析

集客商品は、常に売れ個数のデータを取り、集客の吸引力を監視することが大事です。初日で売り切れするような目玉は、次回のチラシ掲載を1・3〜1・5倍にしてインパクトを与えて吸引力を上げます。そして、吸引力が落ちて、売れ個数が前回チラシに比べて80％になっているものは、違う目玉に切り替えなくはなりません。

集客商品というのは、売れ個数データを見ながら、たえず掲載の取り扱い、掲載のインパクトを与えて変えていくことで、集客の効果を上げることができるのです。

◎収益商品の結果分析

収益商品は、当然ながら掲載商品の売れ個数も大事ですが、それを載せることで単品（商品購入単位・分類）の売上をどのくらいつくれたかが重要となります。

家具店の例でいうと、シングルベッド（単品）のチラシ掲載面積が20％であるなら、セール期間の売上も20％を占めていることが重要です。

もし、それ以下の売上であるのなら、原因はチラシ掲載商品に魅力がないか、演出が足りないかのどちらかです。したがって、チラシに載せる商品アイテムの見直しが必要になります。

逆に、それ以上の売上であれば、さらにチラシの掲載面積を広げて掲載商品を増やすことで、売上を上げるようにしていきます。

チラシが当たるにしても当たらないにしても、理由があります。それを掲載商品の「結果分析」により見つけることで、当たるチラシができていくのです。

集客アイテムの改善

●集客吸引データ

アイテム	用意在庫	売上個数
A	30本	売り切れ
B	20本	18本
C	20本	15本
D	20本	10本
E	20本	8本
F	10本	7本

●チラシによる集客アイテムの表現

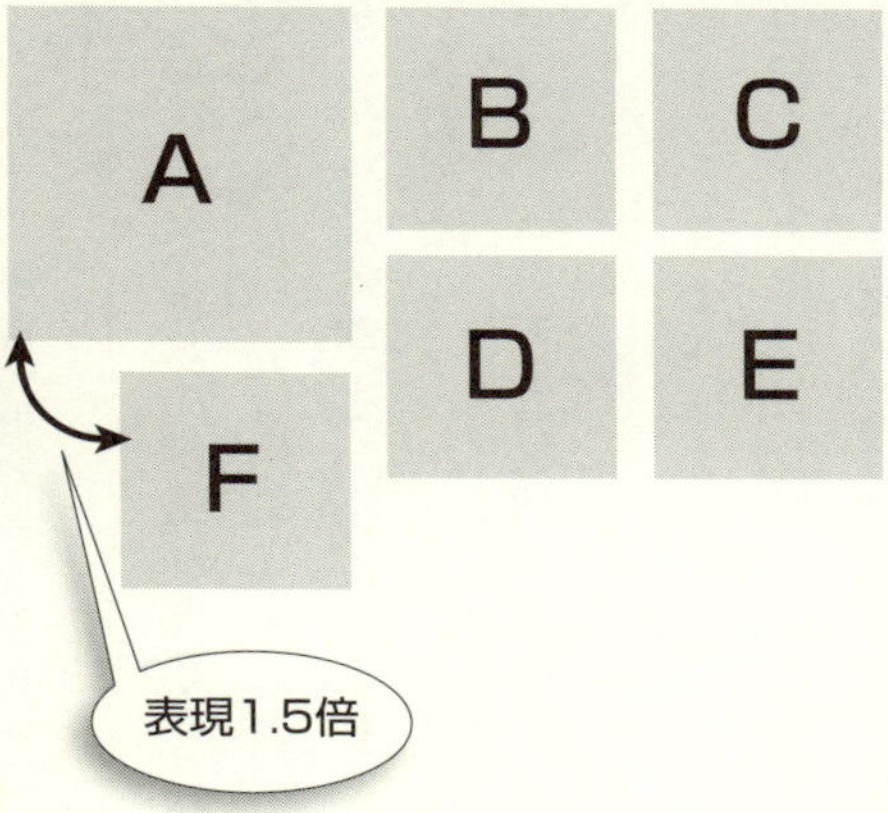
A
B
C
D
E
F
表現1.5倍

収益アイテムの改善

●売上データ

分　類	構成比
婚　礼	
タンス	
ベッド	20%
ダイニング	18%
リビング	16%
その他	
合　計	100%

●紙面構成

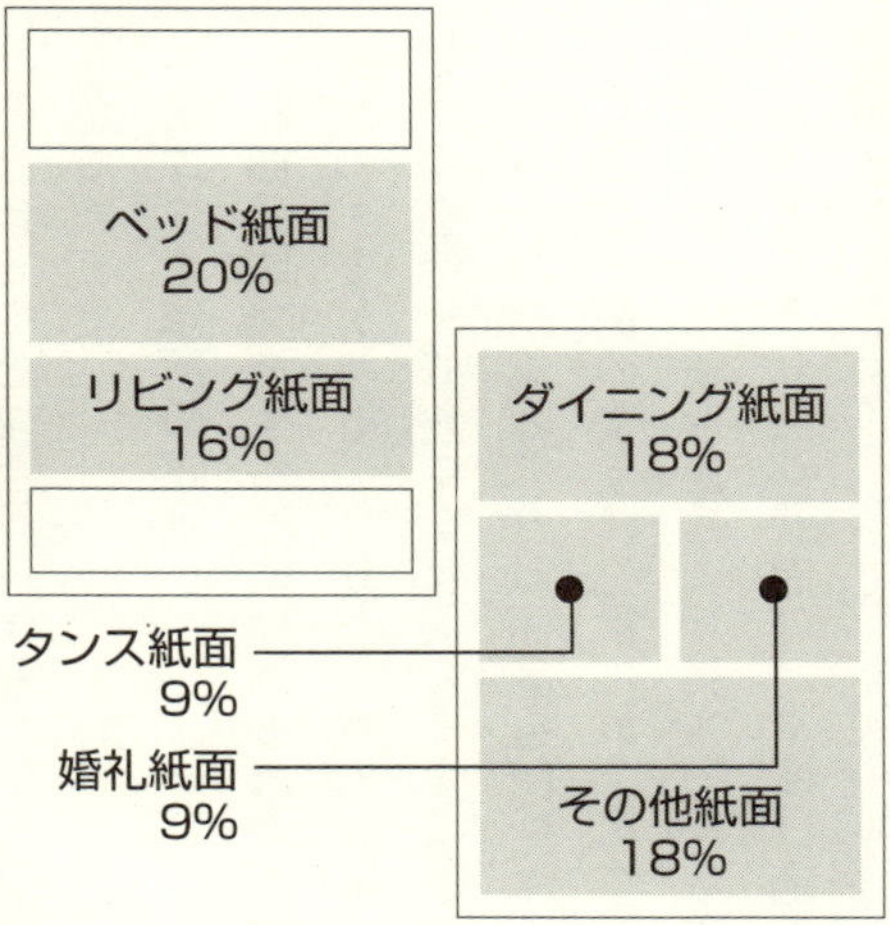
ベッド紙面
20%
リビング紙面
16%
ダイニング紙面
18%
タンス紙面
9%
婚礼紙面
9%
その他紙面
18%

ここがポイント！

売上データに応じてチラシの誌面割り、アイテムの大きさを設定する

11-6

「消費者の声」によるチラシ改善法

消費者に支持されれば集客することができる、とすれば直接に「消費者の声」を聞くことも重要です。それによりニーズをとらえた商品企画、サービス企画をつくることができ、即効果を上げることができます。

消費者の声を聞くには、次のような方法があります。

◎ご意見箱の実施

小売業であれば、店内に「ご意見箱」を設置します。投票してくれた人に粗品や商品券を進呈するようにすると、お客様は積極的に投票してくれます。「○○商品を入れてほしい」「○○商品の価格は他社より高い」「○○のサービスがほしい」など、たくさんのニーズを拾え、即効果の出るチラシ企画ネタが収集できます。

◎アンケートの実施

新築やリフォーム業であれば、引き渡し後にアンケートを実施します。商品、営業、施工、サービスについて評価と意見をもらうようにするといいでしょう。それにより、他社より上をいく品質をつくることができます。アンケートの効果により、他社にはない品質管理が生まれ、それが評価されて集客することもできます。

◎接客ノートの実施

商品を販売するなかで、「○○の商品はありませんか」「○○の色はありませんか」「○○のサイズはありませんか」と、取り扱っていない商品について聞かれることもあるかと思います。現実には、その場の対応で終わっているのが大半です。そのようなことを「接客ノート」に書きとめることで、即売上をつくる品揃えに役立てることができます。

◎モニター制度の実施

新商品開発をする際には「モニター制度」が有効です。自社のターゲットになりうる層のお客様を集め、開発サンプルを使って意見を収集します。それにより、ニーズにマッチした集客できる商品を開発することができます。

これらの例のように、常にニーズを拾える仕掛けは欠かせません。競合他社より集客できる店（会社）になるには、どこよりも消費者のニーズに応えられるようになる必要があります。

他の色はないですか
○○はないのかしら
なるほどわかりました

11-7

チラシこそが戦略・戦術

◎社長を中心にスタッフ全員がチラシに向き合う

私は、経営コンサルタントをしていてよく思うことがあります。チラシが当たるか当たらないかで売上が決まるのに、なぜそれを人（広告代理店）任せにするのでしょうか。業界を知らない、マーケットを知らない、競合状況を知らない、商品を知らない人にチラシを任せて大丈夫でしょうか。

チラシというのは会社の映し鏡みたいなもので、売上をつくる戦略であり、戦術です。これをやることにより商品が変わり、売場が変わり、接客が変わっていきます。ならば、社長を中心として、スタッフ全員がもっとチラシと向き合う必要があるのではないでしょうか。

◎戦略・戦術のないチラシでは売上をつくれない

ただ漫然とチラシをつくるのではなく、経営者と現場スタッフが一体になって、検証して戦略・戦術をつくるのです。戦略・戦術のないチラシでは売上をつくることはできません。

経営者が「商圏データ」「競合データ」「商品データ」をもとに戦略をつくり、消費者に接している現場スタッフが日常業務のなかで得たアイデアから戦術をつくることで、当たるチラシの企画が生まれてきます。

◎チラシは会社の映し鏡

「当たるチラシ」＝「売上をつくるチラシ」にするには、会社の経営者と現場スタッフが、すべての意識を同じ方向に持っていき、ベクトルを合わせて消費者に伝えることです。チラシはただの紙ではありません。会社（店）そのものを映す鏡なのです。

最後に申し上げたいのは、チラシをつくる際、「作成」は外部に頼んでもいいのですが、「企画」は外部任せにしてはいけない、ということです。それを任せるということは、会社（店）の経営をしていないのと同じことです。

たかがチラシ、されどチラシ――。売上をつくるのは、インターネットではなく、まだまだチラシです。

会社（店）として、もっともっと真剣にチラシと向き合っていただきたいと、声を大にしてお願いしておきます。

著者略歴

杉浦　昇（すぎうら　のぼる）

1972年生まれ。新潟県五泉市出身。1995年４月、株式会社船井総合研究所に入社。経営コンサルタント歴15年で200社を超えるクライアントの支援実績を持つ。特に、業績の伸び悩む会社を即効性のあるマーケティング戦術で、集客アップして売上アップすることを得意とする。ただ理論を教えるだけでなく、感性からくるアイデアを取り入れながら、チラシ・ＤＭのヒット企画等を立案する。最近では、コンサルタントの枠を超えた販促クリエイターとして高い評価を得ている。

【問い合わせ先】（経営相談、講演等）
〒531-0072　大阪市北区豊崎4-12-10
株式会社船井総合研究所　第一経営支援部
TEL：06-6377-4136（直通）
FAX：06-6377-4360
Mail：Noboru_Sugiura@funaisoken.co.jp
船井総合研究所オフィシャルサイト
www.funaisoken.co.jp
ブログ：経営コンサルタントの業績UP奮闘記（杉浦昇のBlog）
http://ameblo.jp/suginobo/

即効・集客1.5倍！　当たる「チラシ」100の法則

平成20年８月20日　初版発行
平成22年６月22日　５刷発行

著　者———杉浦　昇
発行者———中島　治久

発行所———同文舘出版株式会社
東京都千代田区神田神保町1-41　〒101-0051
電話　営業03（3294）1801　編集03（3294）1803
振替00100-8-42935

ISBN978-4-495-58021-6
印刷／製本：萩原印刷　Printed in Japan 2008